Meine Vollkornküche

Sieglinde Walz

Meine
Vollkornküche

Herzhaftes von echtem Schrot und Korn

Völlig überarbeitete
und neugestaltete Auflage

Im FALKEN Verlag sind zahlreiche Bücher zum Thema „Gesunde und vollwertige Ernährung" erschienen. Fragen Sie Ihren Buchhändler!

CIP-Titelaufnahme der Deutschen Bibliothek

Walz, Sieglinde:
Meine Vollkornküche: Herzhaftes von echtem Schrot u. Korn / Sieglinde Walz. – Völlig überarb. u. neugestaltete Aufl. – Niedernhausen/Ts.: Falken-Verlag, 1988
    (Falken-Bücherei)
    ISBN 3-8068-0858-9

ISBN 3 8068 0858 9

© 1987/1988 by Falken-Verlag GmbH, 6272 Niedernhausen/Ts.
Umschlaggestaltung: Zembsch' Werkstatt, München
Titelbild: TLC-Foto-Studio GmbH, Bocholt
Farbtafel 1, 3, 5 und 6: TLC-Foto-Studio GmbH, Bocholt
Farbtafel 2, 7 und 8: Fotostudio Eberle, Schwäbisch Gmünd
Farbtafel 4: Michael Wissing BFF, Elzach
Die Ratschläge in diesem Buch sind von Autor und Verlag sorgfältig erwogen und geprüft, dennoch kann eine Garantie nicht übernommen werden. Eine Haftung des Autors bzw. des Verlages und seiner Beauftragten für Personen-, Sach- und Vermögensschäden ist ausgeschlossen.
Satz: LibroSatz, Kriftel bei Frankfurt
Druck: Neuwieder Verlagsgesellschaft mbH, Neuwied

817 2635 4453 62

Inhalt

Was ich Ihnen vorab sagen möchte…

In diesem Buch habe ich alles Wissenswerte über eine wirklich gesunde Ernährung zusammengetragen. Durch jahrelange Erfahrung mit der Vollwertküche konnte ich eine vielseitige Sammlung mit besonders schmackhaften Rezepten zusammenstellen: Vom Frischkornbrei bis zum Dessert ist alles, was die Vollwertküche zu bieten hat, aufgeführt. Die Umstellung auf eine gesunde und vollwertige Ernährung erfordert keine großen Künste. Verwenden Sie vor allem frische Produkte. Am besten richten Sie sich beim Einkauf von Obst und Gemüse nach dem Saisonkalender. Ziehen Sie Freilandgemüse der Treibhausware vor. Dies gilt besonders für Blattsalate. Verzichten Sie auf Fertiggerichte und Fertigprodukte.

Mit voller Absicht stellte ich viele Rezepte mit Getreide vor, denn das volle Korn ist eines der gesündesten und wertvollsten Nahrungsmittel. Gerade in heutiger Zeit schaden nicht nur die Umweltgifte, sondern ebenfalls die industriell verfälschten Nahrungsmittel unserer Gesundheit. Wir können unsere körperlichen Abwehrkräfte nur dann stärken, wenn wir die Gesetze der Natur beachten und auch auf unsere Ernährungsweise anwenden.

Aber nicht nur unser Körper, auch Seele und Geist werden durch eine sinnvolle Ernährung positiv beeinflußt. Jeder von uns ist für sich selbst verantwortlich und hat es bis zu einem gewissen Grad in der Hand, ob er gesund oder krank, glücklich oder unglücklich ist. Auch die äußere Schönheit, die wir ausstrahlen, kommt von innen…

Beenden möchte ich diesen Abschnitt mit dem weisen Gedanken des griechischen Arztes Hippokrates (um 460 bis 375 v. Chr.): „Deine Nahrungsmittel sind deine Heilmittel, und deine Heilmittel sind deine Nahrungsmittel."

In diesem Sinne wünsche ich Ihnen, daß Sie sich durch Ihre neuen Eßgewohnheiten vitaler fühlen und mehr Lebensfreude gewinnen.

Mein ganz besonderer Dank gilt dem bekannten Ernährungsforscher und Naturheilarzt Dr. M. O. Bruker, von dem wertvolle Verbesserungsvorschläge stammen!

Abc der Vollwerternährung

Getreide

Getreide ist ein unverzichtbarer Bestandteil in der Vollwertküche. Dort findet es als ganzes Korn, Vollkornschrot und Vollkornmehl vielseitige Verwendung für Salate, Aufläufe, Backwaren und Frischkornmüsli.

Im Getreidekorn sind die wertvollen Inhaltsstoffe nicht gleichmäßig verteilt. Sehen wir uns an, wie ein Getreidekorn aussieht und wie es aufgebaut ist. Es besteht aus dem Mehlkörper, dem Keimling und den Randschichten. Diese unterteilen sich in die Aleuronschicht und die Frucht- und Samenschale. Im Mehlkörper finden wir Kohlenhydrate und einige Eiweißkörper, die für die Backfähigkeit der verschiedenen Getreidearten ausschlaggebend sind. Der Keimling und die Aleuronschicht enthalten hochwertige Fette, Eiweiß, Mineralstoffe und Vitamine (B_1, B_2, B_6, Niacin). Samen- und Fruchtschale liefern neben Mineralstoffen sogenannte Ballaststoffe, die positiv auf die Darmfunktion wirken. Das ganze Korn enthält also wertvolle Nährstoffe in einer fast einzigartigen Kombination.

Bei der Herstellung des üblichen weißen Haushaltsmehls der Type 405 werden die Randschichten und der Keimling entfernt. Damit gehen hochwertige Fette, Eiweiß, Vitamine und Mineralstoffe sowie sämtliche

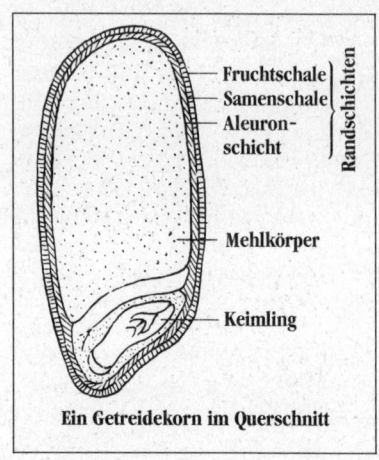

Fruchtschale ⎫
Samenschale ⎬ Randschichten
Aleuron- ⎭
schicht

Mehlkörper

Keimling

Ein Getreidekorn im Querschnitt

Ballaststoffe verloren. Zurück bleibt der Mehlkörper, der ein weißes, aber wertloses Mehl liefert, das sehr lange haltbar ist. Dies wurde jahrzehntelang als Fortschritt angesehen. Vermahlen Sie aber das ganze Korn, erhalten Sie Vollkornmehl, das alle wertvollen Inhaltsstoffe des vollen Korns enthält. Wegen seines Fettanteils ist es jedoch empfindlich und ist nicht so lange haltbar. Am besten mahlen Sie Ihr Mehl immer frisch, denn dann können Sie sicher sein, daß Ihnen die volle Kraft des ganzen Korns zugute kommt. Wenn Sie keine eigene Getreidemühle besitzen, können Sie Ihr Getreide auch in Reformhäusern, Bio- und Naturkostläden mahlen lassen.

Ähnlich wie beim weißen Mehl verhält es sich mit dem polierten weißen Reis. Er wird durch das Schälen und Polieren all seiner wertvollen Inhaltsstoffe beraubt und macht nur noch satt. Auf weißen Reis sollten wir in der Vollwertküche verzichten und statt dessen Naturreis verwenden. Neben Weizen, Roggen und Reis werden im Rahmen der Vollwerternährung auch weniger bekannte Getreidearten wie Hirse, Mais, Grünkern, Hafer, Gerste und Buchweizen gern verwendet.

Besondere Wirkstoffe

Naturreis
Er ist reich an Kalium, Phosphor, Eisen und Vitamin B_1.

Hirse
Sie zeichnet sich gegenüber anderen Getreidearten durch einen etwas höheren Gehalt an Kieselsäure aus (wichtig für Haare sowie Zähne und Knochen).

Mais
Er ist wegen seiner leichten Verdaulichkeit das wichtigste Getreide in der Kinder- und Säuglingsernährung. Mais ist gluten- und gliadinfrei und daher bei einer Eiweißallergie, wie der Zöliakie, als einziges Getreide verträglich.

Weizen, Gerste, Roggen
Sie enthalten B-Vitamine, Eiweiß, Mineralstoffe und Spurenelemente. Die folgenden Rezepte geben Anregungen, wie die verschiedensten Getreidesorten verarbeitet werden können.

Hafer
Er ist wichtig wegen seines hohen Gehalts an Vitamin B_1, Eiweiß, Kalium und Kalzium. Für Diabetiker ist Hafer besonders zu empfehlen.

Grünkern
Er ist reich an Vitalstoffen und ist wegen seiner Milde auch für Kinder geeignet.

Buchweizen
Er enthält den Stoff Rutin, der für Arterien und Gelenke von Bedeutung ist.

Was ist Schrot, was ist Grütze?

Schrot oder Grütze, beides ist im Grunde das gleiche: nämlich grob gemahlenes Getreide. Wenn ein Getreide von seinen Hülsen befreit wird, um es genießbar zu machen, nennt man es Grütze. Dagegen sagt man Schrot bei Weizen und Roggen, die von Natur aus hülsenfrei sind.

Grundrezepte mit Getreide

Hirse (ganz), Grünkernschrot, Buchweizengrütze, Weizen- und Roggenschrot, Gerste- und Hafergrütze
Alle diese Getreidearten kocht man – bei einer Menge von 200 g – in 500 ml Wasser. Statt Wasser können Sie je nach Geschmack auch Gemüsebrühe verwenden.
Getreide kurz aufkochen lassen und bei schwächster Hitze in etwa 20 Minuten ausquellen lassen.
(Buchweizengrütze: Farbtafel 2)

Mais

250 g Maisgrieß mit 1 l Wasser (oder halb Milch, halb Wasser) aufkochen und bei schwächster Hitze in etwa 20 Minuten ausquellen lassen.

Naturreis

1 Tasse Reis wird mit 2 Tassen Wasser zum Kochen gebracht und bei kleinster Hitze in etwa 25 Minuten weich gedünstet. Kurz vor Ende der Garzeit die Kochplatte ausschalten und den Reis ausquellen lassen.

Das Müsli als Frischkornbrei

Von dem bekannten Schweizer Arzt Dr. Bircher-Benner (1867–1939) haben wir das Müsli übernommen. Essen Sie täglich einen Frischkornbrei, und Sie fühlen sich gesund. Denn das volle Korn enthält alle wichtigen Nährstoffe, die Gesunde für ihre Gesunderhaltung benötigen. Wenn Patienten beim Übergang auf Frischgetreide behaupten, sie bekämen Beschwerden, so liegt dies meist an einer falschen Kombination mit anderen Nahrungsmitteln, wie Zucker, Säften, gekochtem Obst, Ahornsirup, Rübensirup usw. Diese Erfahrung stammt von Dr. Bruker.

Geeignete Getreidesorten für ein Frischkornmüsli

Weizen, Hafer, Roggen, Gerste sind gut geeignet; am beliebtesten sind Getreidemischungen aus Hirse, Buchweizen, Weizen, Hafer, Roggen und Gerste. Sollten Sie keine eigene Getreidemühle besitzen, können Sie Ihr Korn im Reformhaus frisch mah-

len lassen. Wer täglich Müsli ißt, sollte sich allerdings eine Getreidemühle anschaffen. Denn nur frisch gemahlenes Korn besitzt seine hohe biologische Wirksamkeit.

Grundrezept für Frischkornmüsli

Für 2 Personen

100 g Weizenschrot
½ EL Honig
2 EL Quark oder
150 g Joghurt
etwas Zitronensaft
1 Apfel
1 Banane
3 EL geriebene Nüsse

1. Weizenschrot mit Wasser bedeckt über Nacht 10 bis 12 Stunden quellen lassen.
2. Den Getreidebrei mit Honig süßen und den Quark oder das Joghurt und den Zitronensaft unterrühren.
3. Den Apfel waschen, vom Kerngehäuse befreien und grob reiben. Die Banane schälen, in Scheiben schneiden und beides mit den Nüssen unter den Frischkornbrei mischen.

Das Grundrezept kann auch mit Sahne, saurem Rahm, Milch, Buttermilch, Kefir, frischem Obst, eingeweichten Trockenfrüchten, diversen Nüssen, Leinsamen, Sesam, Gewürzen wie Vanille, Zimt, Anis, Ingwer oder Kräutersalz, sowie Zwiebeln, frischen oder getrockneten Kräutern je nach Geschmack angereichert werden.

Anstelle von Weizenschrot können Sie das Müsli auch mit ganzen Körnern zubereiten. Die ganzen Körner müssen dann allerdings etwa 24 Stunden eingeweicht werden. (Farbtafel 1)

Im Keimling steckt die ganze Kraft

Gekeimte Körner sind biologisch sehr wertvoll. Denn während des Keimprozesses steigt der Vitamingehalt, Kohlenhydrate und Eiweiß werden in kleinere Bausteine zerlegt. Die selbstgezogenen Keime und Sprossen sind gleichsam kleine Vitaminbomben, die Ihren Speiseplan besonders in der kalten Jahreszeit bereichern können.

Zum Keimen sollten Sie Getreide aus biologisch-dynamischem Anbau verwenden. Im Reformhaus oder in einem Naturkostladen erhalten Sie frisches keimfähiges Getreide. Neben allen Getreidesorten eignen sich auch Hülsenfrüchte, wie Bohnen, Erbsen und Linsen, sowie Rettich-, Kresse- und Senfsamen zum Keimen.

Wie keimen Körner?
Man weicht die Körner 24 Stunden gut bedeckt in Wasser ein. Dann spült man sie in einem Sieb mit Wasser, läßt sie abtropfen, schüttet sie in ein Einmachglas und verschließt dieses mit Gaze und einem Gummiring. Das Glas am besten etwas schräg stellen, damit sich die Körner gut verteilen können. Direktes Licht ist zu meiden, also kein Standplatz direkt am Fenster. Die beste Keimtemperatur liegt bei 20°C. Die Keime 1- bis 2mal am Tag spülen. Durch die Gaze frisches Wasser einströmen und dann wieder ausfließen lassen. Die Keime sollten feucht sein, aber nicht im Wasser stehen. Je nach Sorte und Temperatur wachsen die Keime in 2 bis 5 Tagen; dann kann man sie essen. Probieren Sie die Keime, Sie werden überrascht sein, wie gut sie schmecken.

Wie verwendet man die gekeimten Körner?
Die fertigen Getreidekeimlinge kann man unter die verschiedensten Blatt- oder Gemüsesalate mischen. Auch zu Joghurt, Buttermilch oder Kräuterquark passen die Keimlinge sehr gut.

Fleisch und Fisch

Fleisch liefert neben hochwertigem Eiweiß auch Fett. Ein übermäßiger Verzehr von Fleisch und Wurstwaren geht meist Hand in Hand mit einer zu hohen Fett- und Cholesterinzufuhr und einem Mangel an Ballaststoffen. Dies begünstigt das Entstehen von Herz- und Gefäßkrankheiten. Beim Abbau von Fleisch und Wurst im menschlichen Körper werden sogenannte Purine freigesetzt, die dann zu Harnsäure weiter umgewandelt werden. Ein Zuviel an Harnsäure kann über die Nieren nicht ausgeschieden werden und lagert sich als Harnsäurekristalle in den Gelenken ab (Gicht).

Essen Sie deshalb nur wenig Fleisch, am besten nur in kleinen Mengen als Beilage zu Gemüsegerichten. Als Fleischesser sollten Sie nur mageres Kalb-, Rind- oder Lammfleisch und frische Hähnchen bevorzugen. Verzichten Sie auf Fleisch aus intensiver Masttierhaltung.

Auch pflanzliche Lebensmittel enthalten Eiweiß, das jedoch in der Zusammensetzung nicht ganz so optimal ist. Doch durch die Kombination verschiedener Lebensmittel, zum Beispiel Getreide mit Milch oder Hülsenfrüchten und Kartoffeln mit Ei, ergänzen sich die Eiweißkomponenten so gut, daß sie zusammen noch wertvoller als Fleisch sind. So kann man sich auch ohne Fleisch vollkommen gesund ernähren.

Fisch enthält wertvolle Inhaltsstoffe, vor allem Jod. Außerdem ist Fisch ein wertvoller Eiweißspender.

Rohkost

Die Rohkost ist der Humus für den Menschen." Eine Pflanze kann ohne Humus nicht leben und ein Mensch nicht ohne Rohkost.

Rohkost ist Nahrung, wie sie uns die Natur bietet, zum Beispiel Getreide, Samen, Obst, Nüsse, Gemüse und Salate. Essen Sie täglich von diesen Lebensmitteln? Was man roh essen kann, sollte man auch möglichst roh und nicht gekocht verzehren.

Rohkost enthält alle Vitamine, Mineralstoffe und Spurenelemente, die der Körper braucht. Außerdem wirkt Rohkost durch ihre Ballaststoffe verdauungsregulierend und beugt einer Stuhlverstopfung vor. Der Begriff Ballaststoffe stammt noch aus einer Zeit, zu der die positive Wirkung dieser Stoffe noch nicht allgemein anerkannt war.

Sollten Sie an Appetitlosigkeit leiden, essen Sie rohes Obst oder rohes Gemüse, denn Rohkost wirkt appetitanregend. Nach Erkenntnissen von Dr. Bruker hat sich gerade die Rohkost bei akuten Krankheiten in ihrer Heilwirkung besonders bewährt. Zu Unverträglichkeiten kann sie nur dann führen, wenn man sie beispielsweise mit Zucker zusammenstellt. Statt Zucker empfiehlt es sich, Honig, frisches Obst, Trockenfrüchte und naturreine Säfte zum Süßen zu verwenden.

Milch

N ach Professor Kollath sind Milch und Eier neben Getreide, Gemüse und Obst die wichtigsten Lebensmittel. Allerdings gibt es Menschen, die Milch und Milchprodukte schlecht vertragen. So bekommen manche Menschen Blähungen und Verdauungsbeschwerden, wenn sie zum Beispiel Haferflocken oder eine andere Getreideart mit Milch vermischt als Brei essen.
In solchen Fällen sollte man statt Milch Tee, Fruchtsaft oder nur Obst zum Getreide reichen.
Übrigens, H-Milch, die in riesigen Mengen produziert wird, hat durch Überhitzen ihre Wirkstoffe völlig verloren.
Pasteurisierte Milch wird weniger stark erhitzt als H-Milch und ist daher vorzuziehen. Noch wertvoller ist rohe, frische Milch, die als Vorzugsmilch erhältlich ist.
Sie können Rohmilch auch direkt vom Bauern holen. Aus dieser unbehandelten Milch können Sie auch gut Milchprodukte selbst herstellen.

Dickmilch

Lassen Sie die Rohmilch in einer flachen Schüssel etwa 24 bis 48 Stunden bei Zimmertemperatur stehen. Die überall in der Luft vorhandenen Milchsäurebakterien sorgen dafür, daß die Milch dick und sauer wird. Sie können aber auch pasteurisierte Milch mit Sauermilchferment oder einem Teelöffel bereits vorhandener Dickmilch verrühren. Die angeimpfte Milch wird bei Zimmertemperatur in etwa 24 Stunden dick.

Joghurt

Um Joghurt herzustellen, benötigen Sie ganz besondere Bakterien und eine Wärmequelle. Die Milch, entweder Rohmilch oder pasteurisierte Milch, auf etwa 70°C erwärmen, auf 35 bis 40°C abkühlen lassen und das Joghurtferment oder einen Teelöffel Naturjoghurt einrühren. Der Joghurt muß nun bei etwa 40°C 5 bis 12 Stunden reifen. Als Wärmequelle können Sie den leicht erwärmten Backofen oder eine Kochkiste verwenden.

Kefir

Sie können Kefir wie Dickmilch mit einem Ferment oder aber mit einer Kefirknolle herstellen. Das Ferment einfach in die Milch rühren und diese bei Zimmertemperatur etwa 24 Stunden stehen lassen. Wenn Sie eine Kefirknolle besitzen, den Kefir durch ein Sieb abgießen, die Knolle unter fließendem kaltem Wasser waschen und mit Milch in ein neues Glas geben. Gut gekühlt schmeckt Kefir am besten.
Die angegebenen Fermente für die Herstellung von Dickmilch, Joghurt und Kefir erhalten Sie in Reformhäusern, Naturkost- oder Bioläden und in einigen Apotheken.

Fett

Es ist allgemein bekannt, daß fettreiche Speisen zahlreiche Zivilisationskrankheiten, wie Herzinfarkt, Arteriosklerose und Übergewicht begünstigen. Aber auf Fett vollständig zu verzichten wäre falsch, denn es hat im Körper zahlreiche wichtige Funktionen. Es stellt Energie bereit, liefert Bausteine für den Stoffwechsel, schützt empfindliche Organe wie die Nieren und ist Trägersubstanz der fettlöslichen Vitamine. Außerdem liefert es dem Körper wichtige mehrfach ungesättigte Fettsäuren, zum Beispiel Linolsäure, die er selbst nicht herstellen kann.

Fette sind Verbindungen aus Glycerin und verschiedenen Fettsäuren. Diese sind entweder gesättigt – wie bei den meisten tierischen Fetten –, einfach ungesättigt oder mehrfach ungesättigt wie bei den meisten pflanzlichen Ölen.

Der Körper benötigt Fett, jedoch nicht in dem Umfang, wie es heute üblicherweise verzehrt wird. In diesem Zusammenhang sind besonders die versteckten Fette in Fertigprodukten, Süßigkeiten, Milchprodukten sowie Fleisch und Wurst zu beachten. Bei einem Verbrauch von etwa 70 bis 80 g Fett pro Tag liegen Sie richtig. In diesem Wert sollten auch die versteckten Fette enthalten sein.

Viele mehrfach ungesättigte Fettsäuren werden bei der industriellen Herstellung durch Erhitzen und Härten, zum Beispiel bei der Margarineherstellung, oder durch chemische Behandlung zerstört. Achten Sie deshalb darauf, daß Sie möglichst kalt gepreßte Öle oder Öle aus der ersten Pressung verwenden. Bei solch einem Öl werden die jeweiligen Samen oder Früchte bei relativ geringer Temperatur und mit geringem Druck ausgepreßt. (Bei hoher Temperatur und hohem Druck hat man natürlich eine höhere Ausbeute, aber nicht so wertvolles Öl.) Die im Öl noch enthaltenen Schwebeteilchen werden durch Filtern entfernt. Auf diese Weise erhält man ein hochwertiges Pflanzenöl mit unverwechselbarem Aroma. Kalt gepreßtes Öl ist licht- und luftempfindlich, deshalb sollten Sie es stets kühl und dunkel lagern.

Die meisten im Handel angebotenen Öle werden, damit sie länger haltbar sind, raffiniert und desodoriert. Mit diesen Verfahren wird das Öl entsäuert, entschleimt, entfärbt und geruchlos gemacht. Die auf diese Weise weiter verarbeiteten Öle sind von minderer Qualität und sollten in der Vollwertküche keine Verwendung finden.

Kalt gepreßtes Distelöl, Sojaöl, Maiskeimöl und Sonnenblumenöl sind besonders reich an Vitamin E und mehrfach ungesättigten Fettsäuren und sind deshalb besonders gut für Salate geeignet. Zum Braten sollten Sie lieber ungehärtetes Kokosfett oder Olivenöl verwenden, da diese Fette das Erhitzen besser vertragen. Achten Sie aber immer darauf, daß Sie die Fette nicht über den Rauchpunkt erhitzen, denn sonst bilden sich schädliche Stoffe. Ob Sie als Streichfett in der Vollwertküche lieber Butter oder ungehärtete Pflanzenmargarine verwenden, ist eher eine Geschmacksfrage. Butter ist jedoch einer schlechten Margarine aus gehärteten Fetten vorzuziehen. In den letzten Jahren ist die Butter häufig in Verdacht geraten, wegen ihres Cholesteringehalts schuld am Auftreten von Arteriosklerose und Herzinfarkt zu sein. Heute gilt es als gesichert, daß sie dafür nicht verantwortlich gemacht werden kann.

Rühren Sie Butter oder kalt gepreßtes Öl erst am Ende der Garzeit unter das Gericht, denn dann bleiben alle wertvollen Inhaltsstoffe erhalten. Übrigens dürfen Sie auch Sahne genießen, wenn Sie entsprechend Maß halten.

Zucker

Zucker ist ein isoliertes, leeres Produkt und enthält fast ausschließlich Kohlenhydrate, jedoch keine Vitamine, Mineralstoffe und Ballaststoffe. Für den Abbau im Körper benötigt er aber Vitamine und Mineralstoffe, die dem Organismus ohnehin nicht reichlich zur Verfügung stehen. So kann ein hoher Zuckerkonsum zu Mangelerscheinungen, Stoffwechselstörungen und nicht zuletzt zu Übergewicht führen. Dies gilt sowohl für weißen Kristallzucker als auch für braunen Zucker, Kandis und Fruchtzucker. Besonders gefährlich sind in diesem Zusammenhang auch die versteckten Zucker in Fertigprodukten.

In Zukunft sollten Sie Zucker deshalb aus ihrer Küche verbannen und zum Süßen natürliche Süßungsmittel verwenden.

Honig

Naturbelassener, kalt geschleuderter Honig enthält einige Vitamine und Mineralstoffe und bringt ein feines Aroma mit, das sich gut mit dem Geschmack von Vollkornmehl verbindet. Zum Backen und Kochen können Sie ruhig etwas preisgünstigere Sorten verwenden.

Trockenfrüchte

Rosinen, Feigen, Birnen, Äpfel und Aprikosen liefern eine fruchtige Süße. Achten Sie beim Einkauf immer darauf, daß Sie ungeschwefelte Früchte wählen. Trockenfrüchte sind besonders für Müslis, Kuchen und Gebäcke ein beliebtes Süßungsmittel. Am besten weichen Sie die Früchte einige Stunden in etwas Wasser ein, bevor Sie sie verwenden.

Apfel- und Birnendicksaft

Dicksäfte sind konzentrierte süße Obstsäfte, die durch Einkochen des Saftes entstehen. Sie eignen sich besonders für Süßspeisen und Gebäck.

Sirup

Zuckerrübensirup und Ahornsirup sind sehr intensiv im Geschmack. Verwenden Sie diese Süßungsmittel besonders sparsam. Angebrochenen Ahornsirup bewahren Sie am besten im Kühlschrank auf, damit er nicht schlecht wird.

Besondere Zutaten

Einige Zutaten, die in den folgenden Rezepten aufgeführt sind, erhalten Sie im Reformhaus oder in einem Naturkostladen.

Agar-Agar

Dieses pflanzliche Geliermittel wird aus getrockneten Meeresalgen gewonnen und in der Vollwertküche als Ersatz für Gelatine verwendet. Es eignet sich für Obstkuchen, Sülzen, Puddings und Marmeladen. Wichtig ist, Agar-Agar muß immer mit aufgekocht werden. Für einen halben Liter Flüssigkeit benötigen Sie etwa 1½ Eßlöffel. Nach dem Erkalten wird das Geliergut fest.

Würzmittel

Hefeflocken werden durch schonendes Trocknen aus dem Zellsaft von Reinzuchthefen hergestellt. Sie enthalten B-Vitamine und sind reich an wichtigen Aminosäuren. Zum Würzen sollten Sie jedoch immer frischen Kräutern den Vorzug geben. Verwenden Sie Hefeflocken und alle anderen Gewürze stets sparsam, damit der typische Geschmack der Gemüse erhalten bleibt.

Farbtafel 1:
Frischkornmüsli (Rezept S. 10)

Tomatenmark

Tomaten
Salz
Pfeffer

1. Die reifen Tomaten kreuzweise einschneiden und mit kochendem Wasser übergießen.
2. Anschließend die Haut mit einem spitzen Messer abziehen.
3. Die Tomaten klein schneiden und mit etwas Salz und Pfeffer mindestens 20 Minuten kochen und eindicken lassen.
4. Das Tomatenmark sofort kochend heiß in Gläser füllen, den Deckel aufsetzen und sorgfältig verschließen.

VARIATION

Sie können das Tomatenmark auch gleich mit frischen Kräutern, Zwiebeln und Knoblauch pikant abschmecken. Dann sollten Sie die Gläser jedoch am besten bei 90°C noch 20 Minuten sterilisieren.

Tomatenketchup

500 g Zwiebeln
2,5 kg Suppentomaten
¼ l Essig
2 TL Thymian
2 Stengel Liebstöckel
1 Bund Petersilie
4 EL Honig
1 TL Paprikapulver
etwas frisch geriebene Muskatnuß

Im Mullsäckchen:

3 Lorbeerblätter
1 TL Pfefferkörner
1 TL Nelken
1 TL Koriander

1. Die Zwiebeln schälen, grob würfeln, die Tomaten waschen und in Viertel schneiden.
2. Zusammen mit dem Essig, den fein gehackten Kräutern und den Gewürzen in einen breiten Topf geben. Die festen Gewürze in ein Mullsäckchen geben, damit man sie später leicht entfernen kann. Alles etwa 30 Minuten kochen.
3. Das Mullsäckchen herausnehmen, die Tomatenmasse durch ein Sieb streichen und in einem Topf unter Rühren zu einer dicklichen Masse einkochen lassen.
4. Sofort in Gläser mit Schraubverschluß füllen und fest verschließen.

Farbtafel 2:
Buchweizengrütze (Rezept S. 9)
Rote-Rüben-Gemüse (Rezept S. 48)

Senf

8 geh. EL englisches Senfmehl

8 EL Wasser

3 EL geschmacksneutraler Honig

2 EL Sesamöl oder ein anderes
geschmacksneutrales Öl

4–6 EL Weißweinessig

weißer Pfeffer

1. Das Senfmehl mit dem Wasser glatt rühren und 10 Minuten stehen lassen.
2. Den Honig hinzufügen und mit dem Öl und dem Essig glatt rühren.
3. Mit Pfeffer würzen, in ein Glas mit Schraubverschluß füllen.
Im Kühlschrank hält sich der Senf bis zu 6 Monaten.

___TIP___

Senfmehl ist in Feinkostläden erhältlich. Senf eignet sich zur Zubereitung von Senfsoßen, als Würzzutat bei Fleischgerichten und Eierspeisen und für Salatmarinaden.

___VARIATION___

Diesen Senf können Sie beliebig mit geriebenem Meerrettich, mit frischen pürierten Kräutern, mit Knoblauch- und Zwiebelsaft, mit zerdrücktem, grünem Pfeffer, mit zerstoßenem Lorbeer, Wacholder, Piment und Koriander würzen.

Gemüsebrühe

1 kg Gemüse (Weißkraut oder Wirsing, Kohlrabi, Möhren, Sellerie, Zwiebeln oder Frühlingszwiebeln,

Lauch, grüne Bohnen, Erbsen, Petersilie, Petersilienwurzel)

1 Zweig Thymian

1 Zweig Majoran

1 Lorbeerblatt

3 zerdrückte Pfefferkörner

1 l Wasser

1. Das Gemüse putzen, waschen und grob zerkleinern. Zusammen mit den Kräutern und den Gewürzen in dem Wasser zum Kochen bringen und 45 Minuten bei geöffnetem Topf köcheln.
2. Die Brühe durch ein Sieb geben, dabei das Gemüse leicht auspressen und die Brühe portionsweise einfrieren.

___TIP___

Diese Brühe eignet sich für Gemüsesuppen oder -eintöpfe oder als Ansatz für helle Soßen.

Quarkmayonnaise

1 EL Quark
2 EL Milch
etwas Joghurt
1 TL selbstgemachter Senf
1 TL Zitronensaft
1 TL Curry
1 TL Kräutersalz
Pfeffer
2 TL gemischte, gehackte Kräuter
1 Knoblauchzehe
½ Zwiebel
4 EL Olivenöl oder
anderes kalt gepreßtes Öl

1. Den Quark mit der Milch und dem Joghurt in eine Schüssel geben. Senf und Zitronensaft hinzufügen und alles mit den Gewürzen gut verrühren.
2. Die Kräuter und die geschälte, fein geriebene Zwiebel und die zerdrückte Knoblauchzehe dazugeben und verrühren.
3. Nun das Öl tropfenweise unterrühren. Falls die Marinade zu dünn ist, noch etwas Quark dazugeben und mit Kräutersalz oder Zitronensaft nachwürzen.

TIP

Quarkmayonnaise hält sich in einem Glas einige Tage im Kühlschrank. Sie eignet sich nicht nur für Salate, sondern man kann sie auch zu Pellkartoffeln und Vollkornsalaten reichen.

Mayonnaise

3 Eigelb
1 TL scharfer Senf
3 EL weißer Essig
½ TL Salz
Pfeffer aus der Mühle
200 ml Olivenöl

1. Die Eigelbe mit dem Senf und dem Essig in einer Schüssel verrühren, würzen.
2. Nun das Öl tropfenweise darunterrühren, so daß eine Emulsion entsteht. Sollte die Mayonnaise zu dickflüssig werden, geben Sie etwas lauwarmes Wasser hinzu.

TIP

Sie können die Mayonnaise mit zerdrückten Knoblauchzehen, Curry, Kräutern oder grünen Pfefferkörnern geschmacklich abwandeln. Die fertige Mayonnaise können Sie im Kühlschrank einige Tage aufbewahren.

Salate

Apfel-Gemüse-Rohkost mit verschiedenen Marinaden

Folgende Rohkostsalate bestehen aus 2 Teilen Gemüse und 1 Teil Apfel. Am besten eignet sich eine etwas säuerliche Apfelsorte.

Gemüse und passende Gewürzzutaten

Sellerie mit Apfel
gemischte, gehackte Kräuter, Dill

Rettich mit Apfel
gemischte, gehackte Kräuter, Dill

Chicorée mit Apfel
gemischte, gehackte Kräuter, Dill

Fenchel mit Apfel
gemischte, gehackte Kräuter, Dill

Sauerkraut mit Apfel
gemischte, gehackte Kräuter, Dill, Zwiebel

Rote Bete mit Apfel
gemischte, gehackte Kräuter, Dill, Zwiebel, Meerrettich

Rotkraut mit Apfel
gemischte, gehackte Kräuter, Dill, Zwiebel, Kresse, Pfeffer, Origano

Weißkraut mit Apfel
gemischte, gehackte Kräuter, Dill, Zwiebel, Origano, Pfeffer

Die meisten der oben angegebenen Gemüsesorten und den Apfel fein reiben. Sauerkraut und Chicorée klein schneiden, Fenchel, Rot- und Weißkraut mit dem Gurkenhobel reiben. Rote Bete können roh oder gekocht zubereitet werden. Rot- und Weißkraut zuerst mit Kräutersalz kneten, damit das Kraut schön zart wird. Den nach Geschmack zusammengestellten Salat mit einer der unten angegebenen Marinaden abschmecken.

Marinade I
Kalt gepreßtes Oliven-, Distel- oder Sonnenblumenöl mit Obstessig oder Zitronensaft, Meersalz oder Kräutersalz vermischen.

Marinade II
Alle Salate können auch mit Joghurt, Sauerrahm oder Mayonnaise oder Quarkmayonnaise zubereitet werden.

Löwenzahnsalat

Für 4 Personen

1 kleine Stange Lauch
1 TL Butter
100 g frischer Löwenzahn
50 g Pilze
1 kleine Zwiebel
2–3 EL Olivenöl
1 TL Obstessig oder Zitronensaft
1 Knoblauchzehe
Kräutersalz
Pfeffer

1. Den Lauch putzen, waschen, in feine Ringe schneiden und in der Butter kurz andünsten.
2. Den Löwenzahn waschen und in mundgerechte Stücke schneiden.
3. Die Pilze putzen, kurz abbrausen und blättrig schneiden. Die Zwiebel schälen und fein würfeln. Beides mit dem Lauch und dem Löwenzahn mischen.
4. Olivenöl und Obstessig oder Zitronensaft gut verrühren. Mit zerdrückter Knoblauchzehe, Kräutersalz und Pfeffer würzen.
5. Die Marinade über den Salat geben und alles gut durchmischen.

TIP

Verwenden Sie nur junge Löwenzahnblätter, ältere schmecken manchmal etwas bitter.

Möhrensalat

Für 4 Personen

3 Möhren
1 kleiner Apfel
6 trocken eingelegte Oliven
50 g Pilze
etwas Zitronensaft
Olivenöl
Meersalz
1 EL gehackter Dill

1. Die Möhren und den Apfel waschen, eventuell schälen und beides fein raspeln.
2. Die Oliven fein würfeln, die Pilze putzen, kurz abbrausen und blättrig schneiden. Die vorbereiteten Zutaten in einer Schüssel mischen.
3. Aus Zitronensaft, Öl, Meersalz und Dill eine Salatsoße rühren, den Salat damit begießen und alles gut mischen.

Blumenkohlröschen in Mandelmayonnaise

Für 4 Personen

1 kleiner Blumenkohl
1 EL geschälte, fein geriebene Mandeln
etwas selbstgemachte Mayonnaise
1 kleiner Apfel
Zitronensaft
Meersalz
Curry
2–3 Gewürzgurken

1. Den Blumenkohl waschen, in Röschen teilen und diese in wenig Salzwasser bißfest dünsten. Den Blumenkohl anschließend abgießen und erkalten lassen.
2. Die Mandeln mit der Mayonnaise verrühren. Den Apfel waschen, fein reiben und untermischen. Mit Zitronensaft, Meersalz und Curry abschmecken.
3. Die Blumenkohlröschen mit der Soße begießen und mit Gewürzgurkenscheiben garnieren.

VARIATION

Anstatt Blumenkohl können Sie auch Brokkoli verwenden.

Waldorfsalat

Für 2 Personen

250 g frische Ananas
1 Apfel
150 g Sellerie
125 g Walnüsse
selbstgemachte Mayonnaise
etwas Zitronensaft
Meersalz
Pfeffer

1. Die Ananas in kleine Würfel schneiden. Den Apfel waschen und in feine Stifte schneiden.
2. Den Sellerie schälen und ebenfalls in feine Stifte schneiden.
3. Die Walnüsse grob hacken und mit Ananas, Apfel und Sellerie gut vermischen.
4. Die Mayonnaise mit etwas Zitronensaft verrühren, mit Salz und Pfeffer abschmecken und den Salat damit anrichten.

Mais-Gemüse-Salat

Für 4 Personen

300 g frische grüne Bohnen
200 g Zucchini
2 Tomaten
1 Zwiebel
5 gefüllte Oliven
150 g gekochte Maiskörner
100 g Sauerrahm
Öl
Obstessig
Meersalz
Origano
Pfeffer
edelsüßer Paprika
1 TL gehackte Petersilie
1 TL gehackter Dill
1 Tomate
etwas Petersilie zum Garnieren

1. Die Bohnen waschen, putzen und in wenig Salzwasser bißfest garen. Dann abgießen, erkalten lassen und in Stücke schneiden.
2. Die Zucchini waschen und in Scheiben schneiden. Die Tomaten waschen, in Würfel schneiden, die Zwiebel schälen und in feine Ringe schneiden.
3. Die Oliven in Scheiben schneiden und alles zusammen mit den Maiskörnern in eine Schüssel geben.
4. Aus Sauerrahm, Öl, Obstessig, den Gewürzen und den fein gehackten Kräutern eine Marinade rühren.
5. Den Salat mit der Marinade mischen und mit Tomatenachteln und Petersilie garnieren.

Sauerkrautsalat

Für 4 Personen

1 Apfel
1 Zwiebel
1 Pellkartoffel
1 hart gekochtes Ei
1 TL Kapern
1 Handvoll Walnüsse
250 g frisches Sauerkraut
etwas Quarkmayonnaise oder Öl
selbstgemachter Senf
Zitronensaft
Basilikum
Origano

1. Den Apfel waschen, die Zwiebel, die Kartoffel und das Ei schälen, alles in Würfel schneiden und in eine Schüssel geben.
2. Die Kapern fein und die Walnüsse grob hacken und zusammen mit dem klein geschnittenen Sauerkraut dazugeben.
3. Mayonnaise oder Öl mit etwas Senf und Zitronensaft verrühren. Mit Basilikum und Origano würzen.
4. Den Salat mit der Marinade übergießen und gut mischen.

Pikante Birnen

Für 4 Personen

2 reife, saftige Butterbirnen
1 EL Butter
1 EL Quark
50 g Roquefortkäse oder Gorgonzola
1 EL Sauerrahm
30 g Sellerie
Meersalz
Rosenpaprika

1. Die Birnen waschen, halbieren und vom Kerngehäuse befreien. (Man kann sie roh verwenden, aber auch leicht gedünstet.)
2. Butter, Quark und Roquefort oder Gorgonzola mit dem Sauerrahm glatt rühren.
3. Den Sellerie schälen, fein reiben und unter die Käsemasse rühren. Mit wenig Salz abschmecken.
4. Die Käsemasse in die Birnenhälften füllen und mit Rosenpaprika überstäuben.

---TIP---

Die Birnen mit etwas Kresse dekorieren und auf einem Salatblatt anrichten. Dazu können Sie eine Scheibe Vollkorntoast reichen.

Chicoréesalat

Für 4 Personen

2–3 Chicoréestauden
1 Apfel
2 Scheiben frische Ananas
Walnüsse
Zitronensaft
selbstgemachte Mayonnaise
etwas Öl
Kräutersalz

1. Den Chicorée waschen, halbieren, den bitteren Strunk entfernen und den Chicorée in Scheiben schneiden.
2. Den Apfel waschen und in Würfel schneiden. Ebenso die Ananasscheiben würfeln. Die Apfelstückchen mit Zitronensaft beträufeln, damit sie nicht braun werden.
3. Die Walnüsse grob hacken und mit dem Chicorée und den Apfel- und Ananasstückchen mischen.
4. Mayonnaise mit Öl verrühren und mit Kräutersalz abschmecken. Die Marinade über den Salat geben und alles gut mischen.

Bunte Salatplatte
mit griechischer Salatsoße

Für 4 Personen

etwa 1 kg Salat und Gemüse,
zum Beispiel
frische grüne Bohnen
Sellerie
Salatgurke
Paprikaschoten
Champignons
Zitronensaft
Friséesalat oder ein
anderer Blattsalat
Radieschen
Spargel
Oliven

Salatsoße:

¼ Salatgurke
1 kleine Zwiebel
100 g Schafskäse
300 g Sauerrahm
etwas Joghurt
1 Knoblauchzehe
Pfeffer
Kräutersalz
einige schwarze Oliven

1. Die Bohnen waschen, putzen und in wenig Salzwasser bißfest garen. Dann abgießen, erkalten lassen.
2. Den Sellerie schälen und in Streifen schneiden. Die Gurke waschen, eventuell schälen und in Scheiben schneiden. Die Paprikaschoten waschen, entkernen und in Streifen schneiden.

3. Die Champignons putzen, kurz abbrausen und blättrig schneiden. Mit Zitronensaft beträufeln, damit sie nicht braun werden.
4. Den Blattsalat waschen, putzen und mit den anderen Gemüsen sowie den gewaschenen Radieschen, dem geschälten Spargel und den Oliven auf einer Salatplatte anrichten.
5. Die Salatgurke waschen, eventuell schälen, die Kerne entfernen und die Gurke fein reiben. Die Zwiebel schälen und ebenfalls fein reiben.
6. Den Schafskäse zerdrücken und mit Sauerrahm und etwas Joghurt glatt rühren.
7. Gurke und Zwiebel dazugeben und mit der zerdrückten Knoblauchzehe und den Gewürzen pikant abschmecken.
8. Die Salatsoße mit in Scheiben geschnittenen Oliven verzieren und getrennt zur Salatplatte servieren.

Brokkolisalat mit roten Bohnen

Für 4 Personen

200 g rote Bohnen
etwas Gemüsebrühe
300 g Brokkoli
1 rote Paprikaschote
100 g Endiviensalat
4 EL kalt gepreßtes Olivenöl
Zitronensaft
1 EL fein gehackter Dill
1 EL fein gehackte Petersilie
Origano
Meersalz

1. Die Bohnen waschen, verlesen und am besten über Nacht in Wasser einweichen.
2. Am nächsten Tag die Bohnen mit dem Einweichwasser und etwas Gemüsebrühe zum Kochen bringen und in etwa 60 Minuten garen.
3. Die Brokkoli waschen, in kleine Stücke schneiden und in wenig Salzwasser garen, abkühlen lassen.
4. Die Paprikaschote waschen, entkernen und in Streifen schneiden. Den Endiviensalat waschen, klein schneiden und mit den Paprikastreifen, den Bohnen und den Brokkoli mischen.
5. Aus Olivenöl, Zitronensaft, den Kräutern und Gewürzen eine Marinade rühren und den Salat damit anrichten.

Italienischer Salat

Für 2 Personen

1 rote Rübe
½ Sellerieknolle
1 hart gekochtes Ei
1 Apfel
3 gekochte Kartoffeln
1 kleine Zwiebel
selbstgemachte Mayonnaise
Obstessig
Kräutersalz
Pfeffer
1 Tomate
1 hart gekochtes Ei

1. Die rote Rübe waschen, putzen und in kochendem Wasser etwa 40 Minuten weich kochen.
2. In der Zwischenzeit den Sellerie und das Ei schälen und in Würfel schneiden. Den Apfel waschen und ebenso wie die Kartoffeln würfeln.
3. Die rote Rübe unter kaltem Wasser abschrecken, die Schale abziehen und die Knolle ebenfalls in kleine Würfel schneiden.
4. Die Zwiebel schälen, fein reiben und mit Mayonnaise und Obstessig verrühren. Mit Kräutersalz und Pfeffer abschmecken.
5. Den Salat mit der Soße anrichten und mit Tomatenachteln und Eischeiben garnieren.

Frischkäse-Kartoffel-Salat

Für 4 Personen

½ Sellerieknolle
500 g gekochte Kartoffeln
1 kleiner Apfel
1 kleine Zwiebel
½ rote Paprikaschote
100 g französischer Frischkäse
etwas selbstgemachte Mayonnaise
Obstessig
Öl
Kräutersalz
Pfeffer
Curry

1. Den Sellerie schälen und in Salzwasser weich kochen.
2. Die Kartoffeln in Scheiben schneiden. Den Apfel waschen, halbieren, vom Kerngehäuse befreien und in feine Würfel schneiden. Die Zwiebel schälen und ebenfalls fein würfeln.
3. Die Paprikaschote waschen, entkernen und in feine Würfel schneiden. Den Sellerie ebenfalls würfeln. Alles mit dem Frischkäse in einer Schüssel gut vermischen.
4. Aus Mayonnaise, Obstessig und Öl eine Salatsoße rühren und mit Kräutersalz, Pfeffer und Curry abschmecken. Die Soße über den Salat geben, vermischen und gut durchziehen lassen.

Gemischter Salat mit Avocadosoße und Nüssen

Für 4 Personen

1 kleiner Kopf Radicchio
300 g Chinakohl
1 große Paprikaschote
1 Zwiebel
5 schwarze, trocken eingelegte Oliven

Avocadosoße:

1 Avocado
Saft von ½ Zitrone
Olivenöl
Meersalz
1 EL gehackter Dill
1 EL gehackte Petersilie

1. Radicchio, Chinakohl und Paprikaschote waschen, den Radicchio in Stücke und den Chinakohl in Streifen schneiden, die Paprikaschote würfeln.
2. Die Zwiebel fein hacken, die Oliven klein schneiden und alles in einer Schüssel mischen.
3. Die Avocado schälen, entkernen und pürieren. Zitronensaft hinzugeben und die Masse mit Olivenöl, wenig Salz und den gehackten Kräutern verrühren.
4. Den Salat in 4 Portionen teilen und mit der Avocadosoße übergießen.

TIP

Zum Garnieren können Sie den Salat mit gerösteten Sonnenblumenkernen bestreuen.

Vollkornsalate

Auberginensalat mit ganzen Roggenkörnern

Für 4 Personen

80 g Roggenkörner
1 kleine Aubergine (300–400 g)
4 Tomaten
1 Paprikaschote
200 g Salatgurke
1 Zwiebel
200 g Pilze
Quarkmayonnaise
Borretsch
Basilikum
Origano
Pfeffer
Meersalz
Paprika
1 Tomate
1 hart gekochtes Ei

1. Den Roggen mit Wasser bedeckt etwa 24 Stunden einweichen, dann abschütten und abtropfen lassen.
2. Die Aubergine waschen, den Stiel entfernen und die Frucht der Länge nach in 1 cm dicke Scheiben schneiden. Im Herd bei 200°C 5 bis 10 Minuten grillen, abkühlen lassen und in Würfel schneiden.
3. Die Tomaten waschen und in große Stücke schneiden. Die Paprikaschote waschen, von den Kernen befreien und in Streifen schneiden. Die Salatgurke waschen, eventuell schälen und in Würfel schneiden.

4. Die Zwiebel schälen und fein hakken. Die Pilze putzen, kurz abbrausen und blättrig schneiden. Alles zu den gequollenen Roggenkörnern geben und mischen.
5. Die Quarkmayonnaise mit den Gewürzen verrühren und über den Salat geben. Mit Tomatenachteln und Eischeiben verzieren.

TIP

Lassen Sie die Roggenkörner 2 bis 3 Tage keimen. Dann sind sie noch etwas weicher und schmecken besonders delikat. Statt Roggenkörner können Sie natürlich auch Weizen, Gerste und Hafer verwenden.

Roggensalat mit Avocadosoße

Für 4 Personen

200 g rote Bohnen
etwas Gemüsebrühe
50 g Roggenschrot
100 g Pfifferlinge
1 Apfel
1 Zwiebel
1 Peperone
einige grüne Oliven
2 Tassen Sojasprossen
1 Avocado
etwas Sojasoße
Zitronensaft
Sauerrahm
Pfeffer
300 g Eisbergsalat
Obstessig
Öl
einige Pfifferlinge
Petersilie

1. Die Bohnen waschen, verlesen und am besten über Nacht in Wasser einweichen.
2. Am nächsten Tag die Bohnen mit dem Einweichwasser und etwas Gemüsebrühe zum Kochen bringen und in etwa 60 Minuten garen.
3. Den Roggenschrot in wenig Wasser aufkochen und bei kleinster Hitze in 10 Minuten ausquellen lassen.
4. Die Pfifferlinge putzen, kurz abbrausen und in Stücke schneiden. Den Apfel waschen, halbieren, vom Kerngehäuse befreien und würfeln. Die Zwiebel schälen und fein hakken. Den Peperone ebenfalls fein hacken.

5. Alles mit den Oliven und den abgebrausten Sojasprossen in eine Schüssel geben und mischen.
6. Die Avocado schälen, entsteinen und mit einer Gabel fein zerdrücken. Mit Sojasoße, Zitronensaft und Sauerrahm zu einer Soße rühren und mit Pfeffer abschmecken.
7. Die Avocadosoße mit dem Roggenschrot und den übrigen Zutaten mischen. Eventuell mit Salz, Zitronensaft und Öl nachwürzen.
8. Den Eisbergsalat waschen, mit Essig und Öl kurz marinieren, auf einer Platte ausbreiten und den Roggensalat darauf verteilen. Den Salat mit Pfifferlingen und Petersilie hübsch garnieren.

TIP

Die Sojasprossen können Sie einfach selber ziehen. Für 2 Tassen Sojasprossen müssen Sie etwa $\frac{1}{2}$ Tasse gelbe Sojabohnen in Wasser einweichen und dann keimen lassen. Nach 3 bis 4 Tagen können Sie Ihre Sprossen ernten.

Delikater Reissalat

Für 4 Personen

300 g Chicorée
200 g Fenchelknolle
300 g Radicchio
1 großer Apfel
3 hart gekochte Eier
etwas Senfgurke
8 gefüllte, grüne Oliven
2 Tassen gekochter Naturreis
etwas selbstgemachte Mayonnaise
Öl
Zitronensaft
1 EL gehackte Petersilie
1 EL gehackter Dill
Curry
Pfeffer
Kräutersalz

1. Den Chicorée waschen, den bitteren Strunk entfernen und die Stauden in Streifen schneiden. Den Fenchel und den Radicchio waschen und in feine Streifen schneiden.
2. Den Apfel waschen, vom Kerngehäuse befreien und fein würfeln. Ebenso die geschälten Eier, die Senfgurke und die Oliven in feine Würfel schneiden und alles mit dem gekochten Reis mischen.
3. Mayonnaise mit Öl, Zitronensaft und den Kräutern verrühren. Mit Curry, Pfeffer und Kräutersalz abschmecken.
4. Den Salat mit der Soße übergießen und gut mischen.

Spanischer Reissalat

Für 4 Personen

100 g Naturreis
etwa 200 ml Gemüsebrühe
400 g frische Erbsen
200 g Salatgurke
1 rote Paprikaschote
8 gefüllte, grüne Oliven
1 Zwiebel
3–4 EL Olivenöl
etwas Zitronensaft
Meersalz
Pfeffer
edelsüßes Paprikapulver

1. Den Naturreis mit der Gemüsebrühe zum Kochen bringen und bei geringer Hitze 30 bis 40 Minuten ausquellen lassen.
2. Die Erbsen in wenig Salzwasser bißfest garen, abgießen und abtropfen lassen.
3. Die Salatgurke waschen, eventuell schälen und dann in kleine Würfel schneiden. Die Paprikaschote waschen, von den Kernen befreien und ebenfalls würfeln.
4. Die Oliven in Scheiben schneiden und die geschälte Zwiebel fein hacken. Alles in einer Schüssel locker mischen.
5. Aus Olivenöl, Zitronensaft und den Gewürzen eine Salatsoße rühren, über den Salat geben und gut mischen.

Indischer Reissalat

Für 4 Personen

100 g Naturreis
je ½ rote und grüne Paprikaschote
1 Zwiebel
2 Scheiben frische Ananas
1 Pfirsich
1 Kiwi
100 g Brunnenkresse
etwas Obstessig
3 EL Olivenöl
½ Tasse Gemüsebrühe
Meersalz
Pfeffer

1. Den Naturreis mit etwa 200 ml leicht gesalzenem Wasser zum Kochen bringen und bei geringer Hitze 30 bis 40 Minuten ausquellen lassen.
2. Die Paprikaschoten waschen, von den Kernen befreien und in Würfel schneiden. Die Zwiebel schälen und fein hacken.
3. Die Ananas und den gewaschenen Pfirsich würfeln, die Kiwi schälen, ebenfalls in Würfel schneiden.
4. Die Brunnenkresse waschen und in kleine Stückchen zupfen. Alles in einer Schüssel mischen.
5. Obstessig mit Olivenöl und Gemüsebrühe verrühren und mit Salz und Pfeffer abschmecken. Den Salat damit mischen und etwa 30 Minuten durchziehen lassen. Nach Wunsch in dekorativen Gläsern anrichten.

Reissalat mit Lauchzwiebeln und Schafskäse

Für 4 Personen

300 g frische Erbsen
1 Bund Lauchzwiebeln
1 EL Butter
1 rote Paprikaschote
3 Tomaten
1 Zucchino
2 Tassen gekochter Langkorn-Naturreis
Obstessig
Sojaöl
Kräutersalz
Pfeffer
1 EL gehackter Dill
100 g Schafskäse

1. Die Erbsen in wenig Salzwasser bißfest garen, abgießen und abtropfen lassen.
2. Die Lauchzwiebeln waschen, putzen, in feine Ringe schneiden und diese kurz in Butter andünsten. Abkühlen lassen.
3. Die Paprikaschote waschen, von den Kernen befreien und würfeln. Tomaten und Zucchino waschen, dann die Tomaten in Stücke schneiden und den Zucchino grob reiben.
4. Die vorbereiteten Zutaten mit dem Naturreis mischen.
5. Aus Obstessig, Sojaöl, Kräutersalz, Pfeffer und Dill eine Marinade rühren und über den Salat geben. Mit zerbröckeltem Schafskäse bestreut servieren.

Pikanter Hafersalat

Für 4 Personen

50 g Hafergrütze
2 Äpfel
1 Orange
2 Chicoréestauden
2–3 EL Öl
Zitronensaft
Sauerrahm oder Joghurt
Meersalz
etwas selbstgemachter Senf

1. Die Hafergrütze in wenig Wasser aufkochen, bei kleiner Hitze ausquellen und erkalten lassen.
2. Die Äpfel waschen, eventuell schälen, vom Kerngehäuse befreien und in kleine Würfel schneiden. Die Orange schälen, in dünne Scheiben schneiden und auseinanderzupfen.
3. Den Chicorée waschen, den bitteren Strunk entfernen und die Chicoréestauden anschließend in dünne Ringe schneiden.
4. Aus Öl, Zitronensaft und Sauerrahm oder Joghurt eine Marinade rühren und mit Salz und Senf abschmecken.
5. Alle vorbereiteten Salatzutaten mit der Hafergrütze mischen, mit der Marinade begießen und den Salat mit Orangenstückchen verziert servieren.

VARIATION

Etwas gekochtes Hühnerfleisch in kleine Stücke schneiden und unter den Salat mischen.

Gerstengraupensalat

Für 4 Personen

60 g Gerstengraupen
2 Möhren
1 kleine Sellerieknolle
300 g Spinat
3 hart gekochte Eier
100 g Sauerrahm
1 EL Öl
Meersalz
Pfeffer

1. Die Graupen über Nacht in Wasser quellen lassen und in etwa 10 Minuten weich dünsten, dann erkalten lassen.
2. Die Möhren und den Sellerie schälen, klein schneiden und in wenig Wasser weich dünsten. Anschließend auskühlen lassen.
3. Den Spinat waschen, verlesen und in etwas Wasser kurz dünsten, bis er zusammenfällt. Dann vorsichtig zerkleinern.
4. Die Eier schälen und würfeln. Alles mit den Gerstengraupen in einer Schüssel mischen.
5. Mit einer Marinade aus Sauerrahm, Öl, Salz und Pfeffer servieren.

Farbtafel 3:
Gedünsteter Spinat (Rezept S. 50)

Hafer-Soja-Salat

Für 4 Personen

100 g Nackthafer (ganze Körner)
300 g gemischtes Gemüse der Saison
2 Tassen Sojasprossen
etwas Mayonnaise
Obstessig
Meersalz
Pfeffer
1 EL gehackte Petersilie

1. Den Hafer mit Wasser bedeckt etwa 24 Stunden quellen lassen.
2. Das Gemüse waschen, klein schneiden und in etwas leicht gesalzenem Wasser bißfest dünsten.
3. Die Sojasprossen abbrausen und mit dem Gemüse und den Haferkörnern mischen.
4. Die Mayonnaise mit Obstessig verrühren und mit Salz und Pfeffer abschmecken. Die Marinade über den Salat geben. Mit Petersilie bestreut servieren.

Mais-Gemüse-Salat mit Kräuterhüttenkäse

Für 4 Personen

1 Zucchino (etwa 200 g)
1 rote Paprikaschote
3 Tomaten
200 g Weißkohl
1 Bund Radieschen
300 g gekochte Maiskörner
400 g Hüttenkäse
1 Zwiebel
4 Gewürzgurken
1 EL Kapern
etwas geschnittener Schnittlauch
etwas fein geschnittener Borretsch
1 EL gehackter Dill
1 EL gehackte Petersilie
Pfeffer

1. Das Gemüse waschen. Den Zucchino in kleine Würfel und die entkernte Paprikaschote in dünne Streifen schneiden.
2. Die Tomaten würfeln, den Weißkohl putzen und fein hobeln.
3. Die Radieschen in Scheiben schneiden und alles mit den Maiskörnern mischen.
4. Den Hüttenkäse in eine Schüssel geben. Die Zwiebel schälen und ebenso wie die Gewürzgurken fein hacken, dazugeben und mit den Kapern und den fein gehackten Kräutern mischen. Mit Pfeffer pikant abschmecken.
5. Den Maissalat auf 4 Teller verteilen und mit dem Kräuterhüttenkäse anrichten.

Farbtafel 4:
Linsengemüse auf schwäbische Art (Rezept S. 51)

Grünkern-Rettich-Salat

Für 4 Personen

2–3 Rettiche
4 Äpfel
1 EL Zitronensaft
50 g Walnüsse
50 g gekochter Grünkernschrot
1 Becher Joghurt
4 EL Sauerrahm
Zitronensaft
Meersalz
Pfeffer

1. Die Rettiche schälen und grob raspeln, die Äpfel waschen, vom Kerngehäuse befreien und in kleine Würfel schneiden. Mit etwas Zitronensaft beträufeln.
2. Die Walnüsse grob hacken und zusammen mit dem Grünkernschrot unter die Äpfel und die Rettiche mischen.
3. Den Joghurt mit dem Sauerrahm und etwas Zitronensaft verrühren. Mit Salz und Pfeffer würzen, die Marinade über den Salat geben und alles gut durchmischen.

Hirse-Möhren-Salat

Für 4 Personen

150 g Hirse
4 große Möhren
8 schwarze Oliven
einige Stücke Mixed Pickles
1 mittelgroße Zwiebel
Quarkmayonnaise
1 hart gekochtes Ei
Kresse

1. Die Hirse mit etwa 400 ml Wasser aufkochen und bei kleiner Hitze etwa 15 Minuten ausquellen lassen.
2. Die Möhren waschen, eventuell schälen und dann fein reiben. Die Oliven und die Mixed Pickles klein schneiden.
3. Die Zwiebel schälen, fein hacken und alles gut mit der Hirse mischen.
4. Die Quarkmayonnaise über den Salat geben. Mit Ei und Kresse garniert servieren.

Chicoréesalat mit gekeimten Weizenkörnern

Für 4 Personen

3–4 Chicoréestauden
2 Bananen
4 Mandarinen
100 g gekeimte Weizenkörner
etwas selbstgemachte Mayonnaise
Öl
Zitronensaft
selbstgemachter Senf
Pfeffer
etwas Kurkuma
Meersalz

1. Den Chicorée waschen, vom bitteren Strunk befreien und in feine Ringe schneiden.
2. Die Bananen schälen und in Scheiben schneiden. Die Mandarinen schälen und in Spalten teilen. Alles mit den gekeimten Weizenkörnern in einer Schüssel mischen.
3. Mayonnaise mit Öl und Zitronensaft verrühren, mit Senf, Kurkuma und Salz würzen und die Marinade über den Salat gießen.

VARIATION

> Sie können als Verfeinerung noch 200 g Krabben unter den Salat mischen.

Bunter Blumenkohlsalat mit Gerstengrütze

Für 4 Personen

100 g Gerstengrütze
1 kleiner Blumenkohl (etwa 400 g)
200 g frische grüne Bohnen
100 g roher Wirsing
4 Tomaten
1 Zwiebel
100 g Emmentaler Käse
Öl
Obstessig
Pfeffer
Meersalz
selbstgemachter Senf
Origano
2 EL Sonnenblumenkerne

1. Die Gerstengrütze über Nacht in Wasser quellen lassen.
2. Den Blumenkohl waschen, putzen, in Röschen teilen und in wenig Salzwasser weich dünsten. Ebenso die Bohnen waschen, putzen und in etwas Salzwasser dünsten.
3. Wirsing und Tomaten waschen, den Wirsing in Streifen und die Tomaten in Würfel schneiden.
4. Die Zwiebel schälen, fein hacken und den Käse in kleine Würfel schneiden. Alle Zutaten in einer Schüssel mischen.
5. Aus Öl, Obstessig, Pfeffer, Salz, Senf und Origano eine Marinade rühren und über den Salat gießen. Mit Sonnenblumenkernen bestreut servieren.

Nizzasalat mit Weizenschrot

Für 2–3 Personen

50 g Weizenschrot
2 hart gekochte Eier
2 Tomaten
1 kleine Zwiebel
1 kleine Möhre
½ Kopf grüner Salat
Obstessig
Olivenöl
1 Knoblauchzehe
Kräutersalz
Pfeffer
25 g Edelpilzkäse

1. Den Weizenschrot über Nacht in Wasser quellen lassen.
2. Die Eier schälen und achteln. Die Tomaten waschen, in Achtel schneiden. Die Zwiebel schälen und fein hacken.
3. Die Möhre waschen, eventuell schälen und in feine Scheiben schneiden. Den Kopfsalat waschen und in Stücke zupfen.
4. Aus Essig, Olivenöl, zerdrückter Knoblauchzehe, Kräutersalz und Pfeffer eine Marinade rühren.
5. Mit den Salatblättern eine Schüssel auslegen, die übrigen Salatzutaten mischen und auf den Salatblättern anrichten. Den Salat mit der Marinade begießen. Mit zerbröckeltem Edelpilzkäse bestreut servieren.

Cocktail mit Gerstengraupen

Für 4 Personen

50 g Gerstengraupen
8–10 Stangen Spargel
350 g Champignons
einige blaue Weintrauben
6 gefüllte, grüne Oliven
2–3 Scheiben frische Ananas
100 g selbstgemachte Mayonnaise
Zitronensaft
etwas selbstgemachtes Tomatenmark
Meersalz

1. Die Gerstengraupen am besten über Nacht in Wasser quellen lassen.
2. Am nächsten Tag mit dem Einweichwasser zum Kochen bringen und bei geringer Hitze 15 bis 20 Minuten ausquellen lassen.
3. Den Spargel schälen, die holzigen Enden abschneiden und die Spargelstangen in Salzwasser garen.
4. Die Champignons putzen, kurz abbrausen und je nach Größe halbieren oder blättrig schneiden. Die Weintrauben waschen, halbieren und entkernen.
5. Die Oliven in Scheiben und die inzwischen abgekühlten Spargelstangen in Stücke schneiden. Die Ananas in dünne Spalten teilen und alles in einer Schüssel mischen.
6. Aus Mayonnaise, Zitronensaft, Tomatenmark und Salz eine Marinade rühren, über den Salat geben und vorsichtig unterheben.

Bayerischer Buchweizenfleckerlsalat

Für 4 Personen

50 g Buchweizenmehl	
2 Eier	
60 ml Milch	
etwas Meersalz	
1 EL Butter oder Öl	
2 grüne Paprikaschoten	
300 g Chicorée	
1 Zwiebel	
2 Gewürzgurken	
3 Tomaten	
Öl	
Obstessig	
Meersalz	
Pfeffer	
1 EL gehackte Petersilie	
150 g Schafskäse oder Edelpilzkäse	

1. Das Buchweizenmehl mit den Eiern, der Milch und wenig Salz zu einem Eierkuchenteig verrühren. Butter oder Öl in einer Pfanne erhitzen und nacheinander 2 Pfannkuchen ausbacken. Erkalten lassen, aufrollen und in etwa 2x2 cm große Vierecke schneiden.
2. Die Paprika und den Chicorée waschen und in feine Streifen schneiden.
3. Die Zwiebel schälen, fein hacken und die Gewürzgurken würfeln. Die Tomaten waschen, in Stücke schneiden und alles mischen.
4. Aus Öl, Obstessig, Salz, Pfeffer und Petersilie eine Marinade rühren. Über den Salat geben und mit zerbröckeltem Schafs- oder Edelpilzkäse bestreuen.

Tofusalat mit Hirse und geröstetem Sesam

Für 4 Personen

250 g Tofu (Sojabohnenquark)	
3 Tomaten	
1 grüne Paprikaschote	
1 Zwiebel	
1–2 kleine eingelegte Peperoni	
etwas Senfgurke	
250 g Feldsalat	
100 g gekochte Hirse	
Öl	
Obstessig	
edelsüßer Paprika	
Pfeffer	
Meersalz	
2 EL Sesam	

1. Den Tofu in kleine Würfel schneiden. Tomaten und Paprikaschote waschen, die Tomaten in große Würfel, die Paprika von den Kernen befreien und in Streifen schneiden.
2. Die Zwiebel schälen und fein hacken, die Peperoni und die Senfgurke würfeln. Den Feldsalat waschen und putzen. Alles mit der gekochten Hirse locker mischen.
3. Öl und Obstessig verrühren und die Marinade mit Paprika, Pfeffer und Salz abschmecken.
4. Den Salat mit der Marinade übergießen, mischen und auf Portionsteller verteilt, mit geröstetem Sesam bestreut servieren.

Hirsesalatmenü

Für 4 Personen

100 g Hirse
100 g Fenchel
1 rote Paprikaschote
1 Bund Radieschen
1 mittelgroße Zwiebel
1–2 eingelegte Peperoni
150 g Champignons
8 gefüllte, grüne Oliven
3 hart gekochte Eier
300 g Eisbergsalat
200 g Radicchio
150 g Sauerrahm
2 EL Öl
Meersalz
Pfeffer

1. Die Hirse in 250 ml Wasser kurz aufkochen und bei kleiner Hitze etwa 20 Minuten ausquellen lassen.
2. Den Fenchel und die Paprikaschote waschen und in feine Streifen schneiden. Die Radieschen waschen und in feine Scheiben schneiden.
3. Die geschälte Zwiebel und die Peperoni fein hacken. Die Champignons putzen, kurz abbrausen und blättrig schneiden. Die Oliven in Scheiben schneiden.
4. Die Eier schälen, fein würfeln und alles mit der Hirse mischen.
5. Die Blattsalate waschen und in große Stücke zupfen.
6. Aus Sauerrahm, Öl, Salz und Pfeffer eine Marinade rühren.
7. Mit den Blattsalaten eine Schüssel auslegen, die übrigen Salatzutaten darauf anrichten und mit der Sauerrahmmarinade begießen.

Hirse-Fenchel-Salat

Für 4 Personen

300 g Fenchel
150 g Radicchio
1 Gewürzgurke
60 g grob geriebener Käse
150 g gekochte Maiskörner
100 g gekochte Hirse
3 EL Quarkmayonnaise
etwas selbstgemachter Senf
Zitronensaft
Öl

1. Den Fenchel waschen und in Streifen schneiden. Ebenso den Radicchio waschen und in kleine Stücke schneiden.
2. Die Gewürzgurke würfeln und alles mit dem Käse, den Maiskörnern und der gekochten Hirse mischen.
3. Die Quarkmayonnaise mit Senf, Zitronensaft und Öl verrühren. Die Marinade über den Salat geben und noch einmal gut mischen.

Grünkern-Käse-Salat

Für 2 Personen

50 g Grünkernschrot
300 g frische grüne Bohnen
3 Tomaten
1 Apfel
100 g Goudakäse
2 Gewürzgurken
1 Zwiebel
4 gefüllte Oliven
4 EL Olivenöl
2 EL Obstessig
etwas selbstgemachter Senf
½ EL Kapern
Kräutersalz
1 Knoblauchzehe
Pfeffer
1 EL gehackte Petersilie
Origano
Basilikum
Sonnenblumenkerne

1. Den Grünkernschrot in wenig Wasser aufkochen und bei geringer Hitze in etwa 20 Minuten ausquellen lassen.
2. Die Bohnen waschen, putzen und in wenig Wasser bißfest garen. Die Tomaten waschen und in Achtel schneiden.
3. Den Apfel waschen, vom Kerngehäuse befreien und in Würfel schneiden. Den Käse und die Gewürzgurken ebenfalls würfeln.
4. Die Zwiebel schälen, fein hacken und die Oliven in Scheiben schneiden. Alles mit dem erkalteten Grünkernschrot und den Bohnen gut mischen.

5. Olivenöl, Obstessig und Senf verrühren, die Kapern und die mit Kräutersalz zerdrückte Knoblauchzehe dazugeben und mit Pfeffer, Petersilie, Origano und Basilikum würzen.
6. Den Salat mit der Marinade anrichten und mit gerösteten Sonnenblumenkernen bestreut servieren.

VARIATION

Statt des Grünkernschrots können Sie auch gekeimte Weizenkörner unter den Salat mischen. Die Weizenkeime schmecken am besten, wenn der Keim etwa die Länge des Korns erreicht hat. Das ist nach 2 bis 3 Tagen der Fall.

Grünkern-Champignon-Salat

Für 4 Personen

150 g Grünkernschrot
250 g Endiviensalat
1 kleiner Kopf Radicchio
200 g Champignons
2 hart gekochte Eier
1 Bund Radieschen
80 g Walnußkerne
Zitronensaft
Sonnenblumenöl
Meersalz
1 EL gehackte Petersilie
1 EL gehackter Dill

1. Den Grünkernschrot in 375 ml leicht gesalzenem Wasser aufkochen und bei kleinster Hitze in etwa 25 Minuten ausquellen lassen.
2. Die Blattsalate waschen und in Stücke zupfen.
3. Die Champignons putzen, kurz abbrausen und je nach Größe halbieren oder blättrig schneiden.
4. Die Eier schälen und würfeln. Die Radieschen waschen und in Scheiben schneiden.
5. Die Walnüsse grob hacken und alles in einer Schüssel mischen.
6. Zitronensaft und Sonnenblumenöl verrühren und mit Salz, Petersilie und Dill abschmecken. Den Salat mit der Marinade übergießen und servieren.

Buchweizen-Melonen-Salat

Für 2 Personen

50 g Buchweizengrütze
½ Honigmelone
100 g Hartkäse
1 kleiner Apfel
1 Paprikaschote
2 EL Pinienkerne oder gehackte Mandeln
Joghurt
Zitronensaft
etwas Öl
etwas selbstgemachte Mayonnaise
Curry
Rosmarin

1. Die Buchweizengrütze in etwas Wasser aufkochen und bei geringer Hitze in etwa 20 Minuten ausquellen lassen. Erkalten lassen.
2. Das Fruchtfleisch der Honigmelone und den Käse würfeln.
3. Apfel und Paprikaschote waschen. Den Apfel vom Kerngehäuse befreien und würfeln, die Paprika entkernen und in feine Streifen schneiden.
4. Alles mit den Pinienkernen oder Mandeln mischen.
5. Joghurt, Zitronensaft, Öl und Mayonnaise verrühren und mit Curry und Rosmarin abschmecken.
6. Den Salat mit der Marinade übergießen, gut mischen und servieren.

Ungarischer Nudelsalat

Für 4–5 Personen

200 g Rotkohl (roh)
1 rote Paprikaschote
1 Apfel
1 Zwiebel
300 g gekochte Maiskörner
2 Tassen gekochte Vollkornnudeln
2 Tassen Mungbohnensprossen
etwas selbstgemachte Mayonnaise
Öl
Zitronensaft
selbstgemachter Senf
Kräutersalz
Pfeffer
Origano
1 hart gekochtes Ei

1. Den Rotkohl waschen, putzen und in feine Streifen hobeln. Paprikaschote und Apfel waschen und von den Kernen befreien. Die Paprika in feine Streifen und den Apfel in Würfel schneiden.
2. Die Zwiebel schälen, fein hacken und alles mit den Maiskörnern, den Vollkornnudeln und den kurz abgebrausten Mungbohnensprossen mischen.
3. Mayonnaise, Öl und Zitronensaft verrühren und mit Senf, Kräutersalz, Pfeffer und Origano abschmecken.
4. Die Marinade über den Salat geben und nach Wunsch mit dem Ei garnieren.

Linsen-Nudel-Salat

Für 3–4 Personen

150 g Linsen
300 g grüne Bohnen
2 Möhren
1 Stange Lauch
50 g gekochte Vollkornnudeln
Olivenöl
Zitronensaft
selbstgemachter Senf
Meersalz
Pfeffer
etwas Borretsch
Bohnenkraut
1 EL gehackter Dill

1. Die Linsen mit reichlich Wasser bedeckt über Nacht quellen lassen.
2. Am nächsten Tag die Linsen mit dem Einweichwasser zum Kochen bringen und in etwa 10 Minuten bei schwacher Hitze weich kochen.
3. Die Bohnen waschen, putzen und in wenig Salzwasser bißfest garen, abgießen und wenn nötig in Stücke schneiden.
4. Die Möhren waschen, eventuell schälen und fein raspeln. Den Lauch putzen, waschen und in feine Ringe schneiden. Alles mit den gekochten Vollkornnudeln mischen.
5. Olivenöl und Zitronensaft verrühren, mit Senf, Meersalz und Pfeffer würzen und die fein gehackten Kräuter unterziehen.
6. Die Marinade über den Salat geben und alles gut mischen.

Vollkornnudel-Sauerkraut-Salat

Für 4 Personen

150 g frische Erbsen
250 g rohes Sauerkraut
3 Tomaten
100 g Kresse
3 hart gekochte Eier
2 Tassen gekochte Vollkornnudeln
etwas selbstgemachte Mayonnaise
Öl
selbstgemachter Senf
Meersalz
Pfeffer
Origano
1 EL gehackter Dill

1. Die Erbsen in wenig Salzwasser bißfest garen, abgießen und abtropfen lassen.
2. Das Sauerkraut klein schneiden und auseinanderzupfen.
3. Die Tomaten waschen und in Würfel schneiden. Die Kresse abbrausen, die Eier schälen und fein würfeln.
4. Alles mit den Vollkornnudeln in eine Schüssel geben und mischen.
5. Mayonnaise mit Öl verrühren, mit Senf, Salz, Pfeffer und Origano abschmecken und den Dill unterrühren.
6. Die Marinade über den Salat gießen und alles gut mischen.

Salat mit Gerstengraupen

Für 4 Personen

150 g Gerstengraupen
500 ml Gemüsebrühe
1 Lorbeerblatt
Meersalz
3 Tomaten
1 Paprikaschote
2 Schalotten
1 Becher Sauerrahm
Meersalz
Pfeffer
etwas selbstgemachter Senf
Kresse zum Dekorieren

1. Die Gerstengraupen über Nacht in der Gemüsebrühe einweichen. Dann mit dem Lorbeerblatt und dem Salz aufkochen lassen und bei schwacher Hitze etwa 40 Minuten quellen lassen.
2. Die Tomaten waschen und würfeln. Die Paprikaschote waschen, putzen, entkernen und in feine Streifen schneiden.
3. Die Schalotten schälen und in feine Ringe schneiden. Das Gemüse mit den abgekühlten Gerstengraupen locker mischen.
4. Aus Sauerrahm, Meersalz, Pfeffer und etwas Senf eine Marinade anrühren.
5. Den Salat damit begießen, gut durchziehen lassen und mit Kresse garnieren.

Gemüsegerichte

Blumenkohl mit Bröseln und Käsetomaten

Für 4 Personen

1 Blumenkohl (etwa 800–1000 g)	
8 mittelgroße Tomaten	
100 g Hartkäse	
120 g Grahamsemmelbrösel	
2 EL Öl	

1. Den Blumenkohl waschen, putzen und in wenig Salzwasser bei kleiner Hitze nicht zu weich dünsten.
2. Die Tomaten waschen, quer halbieren und mit der Schnittfläche nach oben in eine geölte, flache Auflaufform setzen, mit Pfeffer würzen.
3. Den Käse in Scheiben schneiden, auf die Schnittflächen der Tomaten legen, und bei 180°C backen, bis der Käse geschmolzen ist.
4. Inzwischen die Semmelbrösel in Öl goldgelb rösten.
5. Dann den gegarten Blumenkohl in die Mitte einer großen Platte setzen, mit den Bröseln bestreuen und mit den Käsetomaten umlegen. Dazu Kartoffelpüree reichen.

VARIATION

Statt Blumenkohl eignen sich auch Brokkoli für dieses Gericht.

Rosenkohl und Kastanien mit gerösteten Mandeln

Für 2 Personen

250 g Rosenkohl	
250 g Kastanien	
2 EL Butter	
50 g geröstete Mandelblättchen	

1. Den Rosenkohl putzen, am Strunk etwas einschneiden und in Salzwasser weich dünsten.
2. Die Kastanien in kochendes Wasser geben, damit sich die Schale besser löst.
3. Dann mit einem scharfen Messer einritzen und die Kastanien aus der Schale drücken. Anschließend in Salzwasser in etwa 20 Minuten weich kochen.
4. Rosenkohl und Kastanien in etwas heißer Butter schwenken, auf einer Platte anrichten und mit gerösteten Mandelblättchen bestreuen.

TIP

Als Beilage zu diesem Gericht können Sie andere Gemüsearten wie Spargel, Möhren, Lauch, Kohlrabi oder Fenchel reichen. Damit erhalten Sie ein Hauptgericht für mehrere Personen.

Französischer Schafskäsegratin

Für 4 Personen

400 g Auberginen
400 g Paprikaschoten
300 g Zucchini (1–2 Stück)
4 Tomaten (etwa 300 g)
2 mittelgroße Zwiebeln
Öl
1–2 Knoblauchzehen
1 Lorbeerblatt
Meersalz
Pfeffer
Basilikum
250 g milder Schafskäse
16 schwarze Oliven
2–3 EL Olivenöl

1. Die Auberginen waschen und mit Schale in Würfel schneiden. Die Paprikaschoten waschen, entkernen und in dünne Streifen schneiden.
2. Zucchini und Tomaten waschen, die Zucchini in Scheiben und die Tomaten in Achtel schneiden.
3. Die Zwiebeln schälen, fein hakken und in heißem Öl andünsten.
4. Alle Zutaten bis auf die Tomaten zu den Zwiebeln geben und zugedeckt etwa 10 Minuten bei kleiner Hitze garen. Das Gemüse sollte nicht zu weich werden.
5. Die zerdrückten Knoblauchzehen, das Lorbeerblatt und die Tomaten zugeben und kurz mitdünsten.
6. Das Gemüse mit Meersalz, Pfeffer und Basilikum abschmecken und in eine große Auflaufform füllen.

7. Den Schafskäse zerbröckeln, mit den Oliven über das Gemüse geben und das Ganze im vorgeheizten Ofen bei 200°C 10 bis 15 Minuten gratinieren.
8. Kurz vor Ende der Backzeit das Olivenöl auf das Gericht tröpfeln und alles wieder kurz in den Backofen schieben.

VARIATION

Statt der Zucchini können Sie auch Gurken nehmen. Als Beilage schmecken sehr gut frisch getoastete Grahambrötchen oder Naturreis.

Paprikaschoten mit Käsefüllung

Für 2 Personen

2 große Paprikaschoten
40 g Vollkornsemmelbrösel
50 g geriebener Parmesankäse
1 Knoblauchzehe
1 Bund Petersilie
1 Ei
3 EL Olivenöl
Meersalz
Pfeffer
Öl für die Form

1. Die Paprikaschoten waschen, der Länge nach halbieren, aushöhlen und von den Kernen befreien.
2. Die Semmelbrösel mit dem Parmesan mischen. Die zerdrückte Knoblauchzehe dazugeben.
3. Die Petersilie waschen, fein hakken, dazugeben und das Ganze mit dem Ei und dem Olivenöl gut verrühren.
4. Die Masse mit Salz und Pfeffer abschmecken.
5. Die Paprikaschoten damit füllen, in eine geölte, flache Auflaufform setzen und bei 200°C etwa 30 Minuten backen.

Paprikaschoten mit Blumenkohl-Mais-Füllung

Für 2 Personen

2 große Paprikaschoten
½ Blumenkohl
150 g gekochte Maiskörner
etwas Kräutersalz
3 EL Sahne
50 g geriebener Parmesankäse
Kräutersalz

1. Die Paprikaschoten waschen, der Länge nach halbieren, aushöhlen und von den Kernen befreien.
2. Den Blumenkohl putzen, waschen, in Röschen teilen und in wenig Salzwasser nicht zu weich dünsten.
3. Blumenkohlröschen und gekochte Maiskörner mischen, mit Kräutersalz würzen und das Gemüse in die Paprikahälften füllen.
4. Die Sahne mit dem Parmesankäse verrühren und mit Kräutersalz würzen.
5. Die Sahne-Käse-Mischung über das Gemüse geben und die Paprikaschoten bei 200°C kurz überbacken.

VARIATION

Sie können die Paprikaschoten auch mit einer Hackfleischfüllung zubereiten.

Wirsing mit pikanter Füllung

Für 4 Personen

800 g Wirsing
1 Zwiebel
etwas Öl
2 Knoblauchzehen
Pfeffer
Liebstöckel
Piment
Dillspitzen
Muskat
Petersilie
etwas Sauerrahm

Füllung

4 Eier
120 g geriebener Parmesankäse
2 EL Vollkornsemmelbrösel
1–2 EL Pinienkerne
1 EL Majoran
1 Bund Petersilie
½ TL gemahlener Pfeffer
etwas Meersalz
2 EL Öl
3 Tomaten
geriebener Käse
Vollkornsemmelbrösel
Paprikapulver

1. Den Wirsing waschen, putzen und in Stücke schneiden.
2. Die Zwiebel schälen, fein würfeln und in Öl andünsten.
3. Die zerdrückten Knoblauchzehen und den Wirsing dazugeben und in wenig Salzwasser nicht ganz weich dünsten. Die Flüssigkeit sollte weitgehend eingekocht sein. Noch vorhandene Flüssigkeit abgießen.

4. Alles mit den Gewürzen und Kräutern pikant abschmecken und den Sauerrahm unterrühren.
5. Für die Füllung die Eier mit dem Parmesankäse und den Semmelbröseln verschlagen.
6. Die gehackten Pinienkerne hinzufügen und das Ganze mit den Gewürzen und Kräutern abschmecken. Zum Schluß das Öl unterrühren.
7. In eine geölte Auflaufform eine Lage Wirsing geben, darauf die Füllung, wieder Wirsing usw.
8. Die Tomaten waschen, in Scheiben schneiden und zum Schluß über den Wirsing legen.
9. Mit einer Mischung aus geriebenem Käse, Semmelbröseln und Paprika den Auflauf bestreuen und bei 200°C etwa 30 Minuten backen.

Gefüllte Auberginen

Für 4 Personen

2 Auberginen à 250 g
etwas Zitronensaft
250 g Emmentaler Käse
250 g frische Champignons
1 Zwiebel
1 Bund Petersilie
1 EL Zitronensaft
3 EL Öl
6–8 schwarze Oliven
Rosmarin
Pfeffer
Meersalz
2 Scheiben Vollkorntoast
etwas Öl

1. Die Auberginen waschen, die Stiele entfernen, die Früchte längs halbieren und etwas aushöhlen.
2. Das entfernte Auberginenfleisch beiseite stellen und die Auberginen in einem großen, flachen Topf in wenig Salzwasser und Zitronensaft etwa 15 Minuten bei geringer Hitze garen.
3. Den Käse halbieren, eine Hälfte würfeln und die andere reiben.
4. Die Champignons putzen, kurz abbrausen und blättrig schneiden. Die Zwiebel schälen und würfeln, die Petersilie waschen, trockentupfen und fein hacken.
5. Die abgetropften Auberginen auf eine feuerfeste Platte oder ein Backblech setzen und nochmals mit Zitronensaft beträufeln.

6. Öl in einer Pfanne erhitzen und die Zwiebel, die Champignons und das Fruchtfleisch der Auberginen darin andünsten und etwa 5 Minuten braten.
7. Anschließend Käsewürfel und Petersilie dazugeben. Die klein geschnittenen Oliven unterrühren und die Masse mit Rosmarin, Pfeffer und Salz würzen.
8. Den Vollkorntoast würfeln, mit Öl in einer Pfanne rösten und unter die Pilzmasse geben.
9. Die Auberginen damit füllen und mit dem restlichen geriebenen Käse bestreuen. Das Ganze bei 200°C etwa 15 Minuten überbacken oder etwa 5 Minuten übergrillen.

Rote-Rüben-Gemüse

Für 4 Personen

4–6 rote Rüben
1 große Zwiebel
2 Äpfel
3 EL Öl
Kräutersalz
Pfeffer
Origano
Hefeflocken
Obstessig oder Zitronensaft
Sahne

1. Die roten Rüben abbürsten und in Salzwasser je nach Größe 30 bis 40 Minuten garen.
2. Anschließend abschrecken, die Schale abziehen und die Knollen in Stifte schneiden.
3. Die Zwiebel schälen und fein hakken. Die Äpfel waschen, eventuell schälen und fein würfeln.
4. Öl erhitzen und die Zwiebel darin andünsten, die Äpfel und die roten Rüben dazugeben und 2 bis 3 Minuten mitdünsten.
5. Das Ganze mit Kräutersalz, Pfeffer, Origano, Hefeflocken und Obstessig oder Zitronensaft pikant abschmecken.
6. Mit der Sahne verfeinern und sofort servieren.
(Farbtafel 2)

Pikante Lauchstangen

Für 2 Personen

500 g Lauch
etwas Öl
Kräutersalz
Pfeffer
Origano
Hefeflocken
80–100 g geriebener Emmentaler Käse
etwas Paprikapulver

1. Den Lauch putzen, waschen und die Stangen halbieren.
2. Die Lauchstangen in Öl kurz andünsten, wenig Wasser dazugeben und den Lauch bei geringer Hitze nicht zu weich dünsten.
3. Mit Kräutersalz, Pfeffer, Origano und Hefeflocken würzen.
4. Die Lauchstangen in eine geölte flache Auflaufform geben und mit geriebenem Käse und etwas Paprikapulver bestreuen.
5. Alles bei 200°C etwa 10 Minuten gratinieren, bis der Käse geschmolzen ist.

Variation

Sie können die Lauchstangen auch mit Käse und Semmelbröseln, mit Schafskäse oder einer Mischung aus Parmesan, Hartkäse und etwas Sahne überbacken.

Grünkohlgemüse

Für 4 Personen

800 g Grünkohl
2 Zwiebeln
100 ml Gemüsebrühe
1 EL Öl
1 Lorbeerblatt
2 Knoblauchzehen
Meersalz
Pfeffer
Liebstöckel
Thymian
Hefeflocken

1. Den Grünkohl waschen und in dünne Streifen schneiden.
2. Die Zwiebeln schälen, fein hakken und in Öl andünsten.
3. Lorbeerblatt, zerdrückte Knoblauchzehen und Grünkohl dazugeben, mit Gemüsebrühe auffüllen und den Kohl weich dünsten.
4. Das Grünkohlgemüse mit Salz, Pfeffer, Liebstöckel, Thymian und Hefeflocken abschmecken.

VARIATION

Statt Grünkohl können Sie auch Wirsing verwenden.

Gebackene Auberginen

Für 2 Personen

400–500 g Auberginen
Kräutersalz
Pfeffer
1 Ei
Haferflocken
Öl

1. Die Auberginen waschen, die Stiele entfernen und die Früchte mit der Schale in etwa 1 cm dicke Scheiben schneiden.
2. Die Auberginenscheiben auf beiden Seiten mit Kräutersalz und Pfeffer würzen.
3. Das Ei verquirlen und die Auberginenscheiben erst in Ei und dann in Haferflocken wenden.
4. Die Scheiben in etwa 5 Minuten goldgelb backen.

TIP

Als Beilage eignet sich Mandelreis mit einem Gemüse-Rohkost-Salat.

Gedünsteter Spinat

Für 4 Personen

800 g Spinat
2 Zwiebeln
2 Knoblauchzehen
3 EL Öl
Hefeflocken
Pfeffer
Kräutersalz
Basilikum
etwas Sahne

1. Den Spinat waschen, abtropfen lassen und die Stiele entfernen.
2. Die Zwiebeln und die Knoblauchzehen schälen und anschließend fein hacken.
3. Öl in einem Topf erhitzen und die Zwiebeln und den Knoblauch darin andünsten.
4. Dann den Spinat dazugeben und alles bei schwacher Hitze 5 Minuten dünsten.
5. Mit Hefeflocken, Pfeffer, Kräutersalz und Basilikum abschmecken. Zum Schluß die Sahne unter den Spinat rühren.

Tip

Als Beilagen eignen sich Grünkernfrikadellen oder Hafergrütze-Pilz-Bratlinge und Reis, Kartoffeln oder Nudeln. Sie können den Spinat auch als Füllung für Pfannkuchen verwenden.
(Farbtafel 3)

Kartoffel-Gemüse-Gericht mit Käse überbacken

Für 4 Personen

600 g rohe Kartoffeln
300 g Kohlrabi
300 g gelbe Rüben
200 ml Gemüsebrühe
Kräuter der Provence
Muskat
80 g geriebener Käse
Vollkornsemmelbrösel
2 EL gehackte Petersilie

1. Kartoffeln, Kohlrabi und gelbe Rüben schälen und in mundgerechte Würfel schneiden.
2. Das Gemüse in Gemüsebrühe nicht zu weich dünsten.
3. Am Ende der Garzeit das Gemüse mit Kräutern der Provence und wenig Muskat abschmecken.
4. Das Ganze in eine geölte Auflaufform geben, dick mit geriebenem Käse bestreuen und Semmelbrösel darübergeben.
5. Alles bei 200°C etwa 15 Minuten überbacken, bis die Käseschicht goldgelb geworden ist. Mit frisch gehackter Petersilie bestreuen.

Tip

Statt der Kohlrabi und der gelben Rüben können Sie Gemüse der jeweiligen Saison nehmen.

Linsengemüse auf schwäbische Art

Für 4 Personen

350 g Linsen
1 Lorbeerblatt
1 Möhre
etwas Staudensellerie
1 kleine Stange Lauch
Gemüsebrühe
etwas Pfeffer
1 EL edelsüßes Paprikapulver
½ EL scharfes Paprikapulver
Bohnenkraut
Liebstöckel
Origano
Thymian
Basilikum
2 EL gehackte Petersilie
4 EL selbstgemachtes Tomatenmark
etwas selbstgemachter Senf
etwas Obstessig oder Rotwein
Hefeflocken
1 EL Butter

1. Die Linsen über Nacht in Wasser einweichen.
2. Am nächsten Tag die Linsen mit dem Lorbeerblatt, dem gewaschenen und klein geschnittenen Gemüse und der Gemüsebrühe aufkochen lassen und in etwa 10 Minuten bei schwacher Hitze garen.
3. Am Ende der Garzeit die Gewürze und Kräuter zugeben.
4. Das Tomatenmark unterrühren und die Linsen mit Senf, Obstessig oder Rotwein und Hefeflocken abschmecken.
5. Zum Schluß die Butter unter das Linsengemüse rühren.

VARIATION

Geben Sie kurz vor Ende der Garzeit frische Champignons zum Linsengemüse und bestreuen Sie das Gericht mit frischer Petersilie.
(Farbtafel 4)

Möhrenküchlein

Für 4 Personen

500 g Möhren
1 Knoblauchzehe
3 Eier
2 EL Vollkornmehl
3 EL Weizenkeime
1 EL gehackte Petersilie
Liebstöckel
Pfeffer
Meersalz
Öl zum Backen

1. Die Möhren waschen, eventuell schälen und dann fein reiben.
2. Die zerdrückte Knoblauchzehe mit den Möhren, den Eiern, dem Mehl und den Weizenkeimen verrühren.
3. Mit Petersilie, Liebstöckel, Pfeffer und Salz abschmecken.
4. Aus der Masse kleine Küchlein formen und diese auf beiden Seiten goldgelb backen.

Quark-Kartoffel-Puffer

Für 4 Personen

etwa 600 g Kartoffeln
2 Zwiebeln
1 Ei
2 EL feines Weizenvollkornmehl
1 Bund Petersilie
150 g Quark
etwas Kräutersalz
Öl zum Backen

1. Die Kartoffeln und die Zwiebeln schälen und reiben.
2. Ei, Mehl und die gewaschene, fein gehackte Petersilie hinzufügen und alles mit dem Quark verrühren.
3. Die Kartoffelmasse mit Kräutersalz abschmecken. Öl in einer Pfanne erhitzen und kleine Kartoffelpuffer ausbacken.

TIP

Sie können die Kartoffelpuffer auch zu süßen Beilagen servieren, dann lassen Sie einfach die Zwiebeln weg.

Erbsenpüree mit gerösteten Zwiebeln

Für 4 Personen

500 g gelbe Erbsen
etwas Meersalz
Majoran
Bohnenkraut
etwas Butter
3 mittelgroße Zwiebeln
2–3 EL Öl

1. Die Erbsen über Nacht in Wasser einweichen.
2. Am nächsten Tag die Erbsen mit dem Einweichwasser aufkochen lassen und bei schwacher Hitze in etwa 10 Minuten garen.
3. Die Erbsen durch ein Sieb oder eine Presse drücken, mit Salz, Majoran und Bohnenkraut abschmecken. Zum Schluß die Butter unterrühren.
4. Die Zwiebeln schälen und in Ringe schneiden, in Öl hellbraun rösten. Über das Erbsenpüree verteilen und sofort servieren.

TIP

Dazu paßt Apfelsauerkraut ganz vorzüglich.

Gratinierte Spinatpfannkuchen mit Sonnenblumenkernen

Für 2 Personen

Pfannkuchen

150 g feines Weizenvollkornmehl
2 Eier
1 Eigelb
200 ml Milch
100 ml Wasser
etwas Meersalz
Öl zum Backen

Spinatfüllung

500 g Blattspinat
1 kleine Zwiebel
2 EL Öl
1 Knoblauchzehe
Kräutersalz
Hefeflocken
Pfeffer
Muskat
Basilikum
1 Eiweiß
2–3 EL Sonnenblumenkerne
2 Scheiben Käse, z. B. Gouda

1. Vollkornmehl mit Eiern, Eigelb, Milch, Wasser und einer Prise Salz zu einem geschmeidigen Pfannkuchenteig verrühren.
2. Öl in einer Pfanne erhitzen und nacheinander 4 bis 5 Pfannkuchen ausbacken.
3. Den Spinat waschen, gut abtropfen lassen und die Stiele entfernen.
4. Die Zwiebel schälen, fein hacken und in Öl andünsten.

5. Spinat und zerdrückte Knoblauchzehe dazugeben und so lange dünsten, bis der Spinat zusammengefallen ist.
6. Die Flüssigkeit abgießen. Den Spinat mit Kräutersalz, Hefeflocken, Pfeffer, Muskat und Basilikum würzen. Das Eiweiß zu Schnee schlagen und mit den Sonnenblumenkernen unter den Spinat mischen.
7. Die Pfannkuchen mit Spinat füllen, aufrollen, in eine mit Öl ausgepinselte, flache Auflaufform setzen und mit Käsestreifen belegen. Das Ganze bei 200°C überbacken.

TIP

Statt Sonnenblumenkernen können Sie auch Sonnenblumensprossen verwenden.
1 Eßlöffel geschälte Sonnenblumenkerne ergibt 2 bis 3 Eßlöffel Sprossen. Nach 2 bis 3 Tagen können Sie die Sonnenblumensprossen ernten.

Chinesisches Pilzgericht

Für 2–3 Personen

250 g Champignons oder Austernpilze
200 g Zucchini
1 rote Paprikaschote
1 kleine Zwiebel
2 Knoblauchzehen
½ Tasse Gemüsebrühe
150 g Sojasprossen
etwas Zitronensaft
Meersalz
Pfeffer
1 EL gehackte Petersilie
etwas Sahne

1. Die Champignons oder Austernpilze putzen, kurz abbrausen und blättrig schneiden.
2. Die Zucchini waschen und in Streifen schneiden. Ebenso die Paprikaschote waschen, die Kerne entfernen und die Paprika in feine Streifen schneiden.
3. Die Zwiebel schälen und in feine Ringe schneiden. Die Knoblauchzehen zerdrücken und alles in Gemüsebrühe bei schwacher Hitze garen.
4. Die abgebrausten Sojasprossen dazugeben und kurz mitdünsten.
5. Das Gericht mit Zitronensaft, Salz, Pfeffer und Petersilie abschmecken. Mit der Sahne verfeinern.

Ungarischer Weißkohl

Für 3–4 Personen

500 g Weißkohl
1 große Zwiebel
1 rote Paprikaschote
1–2 kleine, eingelegte Peperoni
etwas Öl
200 ml Gemüsebrühe
1 Knoblauchzehe
1 EL edelsüßes Paprikapulver
1 TL scharfes Paprikapulver
Meersalz
Pfeffer
2 EL gemischte, gehackte Kräuter
125 g saure Sahne

1. Den Weißkohl waschen, den Strunk entfernen und den Kohl fein hobeln.
2. Die Zwiebel schälen, würfeln und die Paprikaschote waschen, entkernen und ebenso wie die Peperoni fein würfeln.
3. Öl in einer Pfanne erhitzen, die Zwiebel darin andünsten und das Gemüse dazugeben.
4. Mit zerdrücktem Knoblauch würzen, Gemüsebrühe dazugeben und das Ganze bei schwacher Hitze weich dünsten.
5. Das Weißkohlgemüse mit Paprika würzen und nach Geschmack noch mit Salz, Pfeffer und Kräutern abschmecken.
6. Zum Schluß die Sahne unter das Gemüse ziehen.

Getreidegerichte

Hirse-Gemüse-Auflauf

Für 4 Personen

250 g Hirse
etwas Meersalz
1 Paprikaschote
1 Zwiebel
2 EL Öl
Paprikapulver
Meersalz
Petersilie
Rosmarin
Basilikum
600 g Zucchini
3 Eier
etwas Milch
4 EL geriebener Käse
1 EL feines Weizenvollkornmehl
Meersalz
Pfeffer

1. Die Hirse in 600 ml Wasser mit etwas Meersalz aufkochen lassen und bei geringer Hitze etwa 15 Minuten ausquellen lassen.
2. Die Paprikaschote waschen, entkernen und in kleine Würfel schneiden.
3. Die Zwiebel schälen, würfeln und mit den Paprikawürfeln kurz in Öl andünsten. Zur fertigen Hirse geben und mit Paprika, Meersalz, Petersilie, Rosmarin und Basilikum kräftig würzen.
4. Die Masse in eine geölte Auflaufform geben.

5. Die Zucchini waschen und in feine Scheiben schneiden, etwas salzen und pfeffern und auf der Masse gleichmäßig verteilen.
6. Die Eier mit Milch, Käse, Weizenvollkornmehl, Salz und Pfeffer verquirlen und über den Auflauf gießen. Das Ganze bei 200°C etwa 20 Minuten backen.
(Farbtafel 5)

VARIATION

Statt Hirse können Sie auch Naturreis für diesen Auflauf verwenden. Endivien- oder Gurkensalat ist zu diesem Gericht die passende Beilage.

Hirseklößchen

Für 4 Personen

200 g Hirse
1 große Zwiebel
1 EL Öl
Majoran
Meersalz
2 Eier
75 g feines Weizenvollkornmehl

1. Die Hirse in 500 ml Wasser nicht zu weich kochen und zum Erkalten beiseite stellen.
2. Die Zwiebel schälen, fein hacken und in Öl goldgelb rösten.
3. Die Zwiebel zum Hirsebrei geben und mit etwas Majoran und Salz kräftig würzen.
4. Die Eier und das Mehl zugeben und unter den Hirsebrei rühren.
5. Mit einem Eßlöffel Klößchen abstechen, in kochendes Salzwasser geben und 15 Minuten ziehen lassen.

TIP

Die Hirseklößchen eignen sich als schmackhafte Beilage zu verschiedenen Gemüsegerichten.

Hirseflockenpfannkuchen

Für 4 Personen

2 Tassen Hirseflocken
500 ml Milch
3 Eier
Salz
Öl zum Backen
Obstquark

1. Die Hirseflocken in die Milch einrühren, die Eier und etwas Salz dazugeben und alles gut verquirlen.
2. Etwas Öl in einer Pfanne erhitzen und nacheinander dünne Pfannkuchen ausbacken.
3. Die fertigen Pfannkuchen auf einem Gitterrost im Ofen oder unter dem Grill warmhalten. Mit Obstquark füllen und servieren.

VARIATION

Ohne die Füllung können Sie die Pfannkuchen auch zu einer Salatplatte mit Ei reichen. Als pikante Füllung eignen sich gedünstete Gemüse oder eine Käsecreme.

Mandelreis

Für 4 Personen

250 g Langkorn-Naturreis
etwas Meersalz
2 EL Butter
etwas Curry
3 EL gehackte Mandeln

1. Den Reis mit 500 ml Wasser und wenig Salz zum Kochen bringen. Bei schwächster Hitze garen und auf der ausgeschalteten Platte ziehen und ausdämpfen lassen, bis alle Flüssigkeit verbraucht ist.
2. Dann Butter, Curry und Mandeln unterrühren.

VARIATION

Verwenden Sie statt Wasser eine kräftige Gemüsebrühe. Dann brauchen Sie kein zusätzliches Salz. Sie können statt der Mandeln auch gehackte Kräuter unter den Reis mischen.

Chinesisches Reisgericht

Für 4 Personen

1 große Zwiebel
1 Stange Lauch
400 g frische Champignons oder Austernpilze
Mungbohnensprossen
2 Tassen gekochter Naturreis
Curry
1 EL Butter

1. Die Zwiebel schälen, in Ringe schneiden, den Lauch putzen, waschen und in Stücke schneiden.
2. Die Champignons oder Austernpilze putzen, kurz abbrausen und blättrig schneiden.
3. Dann alles in etwas Wasser dünsten. Kurz vor Ende der Garzeit die abgebrausten Mungbohnensprossen dazugeben und kurz mitdünsten lassen.
4. Den gekochten Reis untermischen. Mit Curry abschmecken und die Butter unterrühren.

Paprikareis

Für 4 Personen

250 g Naturreis	
1 Zwiebel	
2 rote Paprikaschoten	
2 EL Öl	
1 Knoblauchzehe	
Kräutersalz	
Hefeflocken	
Paprikapulver	
Rosmarin	
Thymian	
2 EL Butter	

1. Den Naturreis wie den Mandelreis (siehe S. 57) garen.
2. Die Zwiebel schälen, würfeln, die Paprikaschoten waschen, entkernen und in Würfel schneiden.
3. Öl in einer Pfanne erhitzen, das Gemüse mit der zerdrückten Knoblauchzehe andünsten und mit etwas Wasser garen.
4. Gedünstete Zwiebel- und Paprikawürfel unter den gekochten Reis mischen.
5. Mit den Gewürzen und Kräutern abschmecken und die Butter unterrühren.

Risotto

Für 3–4 Personen

200 g frische Erbsen	
150 g Champignons oder	
andere Pilze	
1 Zwiebel	
etwas Öl	
300 g gekochter Naturreis	
(100 g Rohprodukt)	
1 Bund Petersilie	
80 g geriebener Käse	
geriebener Käse zum Bestreuen	

1. Die Erbsen in wenig Salzwasser bißfest garen, abschütten und abtropfen lassen.
2. Die Champignons putzen, kurz abbrausen und wenn nötig klein schneiden. Die Zwiebel schälen und fein hacken.
3. Öl erhitzen und die Zwiebel und die Champignons darin andünsten, den Reis dazugeben.
4. Die Petersilie waschen, fein hacken und mit den Erbsen dazugeben.
5. Die Pfanne vom Feuer nehmen, den geriebenen Käse hinzufügen und alles gut vermengen.
6. Die Reismasse in eine kalt ausgespülte Reisrandform pressen, auf eine Platte stürzen und mit etwas geriebenem Käse bestreuen.

TIP

Zu diesem Gericht sollten Sie einen Tomaten-Gurken-Paprika-Salat servieren.

Russische Plinsen

Für 2–3 Personen

15 g frische Hefe
½ TL Honig
250 ml Milch
250 g Buchweizenmehl
1 EL Butter
1 Eigelb
1 Prise Meersalz
1 Eiweiß
Öl zum Backen

1. Die Hefe und den Honig in der lauwarmen Milch gut auflösen.
2. Die Hälfte des Buchweizenmehls unterrühren und den Vorteig an einem warmen Ort etwa 60 Minuten gehen lassen.
3. Das restliche Buchweizenmehl, die zerlassene Butter, das Eigelb und Salz zum Vorteig geben und alles kräftig verrühren.
4. Den Teig an einem warmen Ort nochmals 60 Minuten gehen lassen, ab und zu umrühren.
5. Das Eiweiß steif schlagen, unterheben und den Teig nochmals kurz gehen lassen.
6. Etwas Öl in einer Pfanne erhitzen und nacheinander goldgelbe Plinsen ausbacken.
(Farbtafel 7)

TIP

Sie können die Plinsen sowohl mit herzhaften als auch süßen Beilagen servieren.

Balkantopf mit Hirse

Für 4 Personen

1 Zwiebel
1 EL Öl
1 Knoblauchzehe
200 g Hirse
250 g frische grüne Bohnen
2 EL selbstgemachtes Tomatenmark
Meersalz
Hefeflocken
edelsüßes Paprikapulver
Pfeffer
Majoran
1 EL frisch gehackte Kräuter
100 g geriebener Käse

1. Die Zwiebel schälen, würfeln und in Öl kurz andünsten.
2. Die zerdrückte Knoblauchzehe zugeben, die Hirse unterrühren und mit 500 ml Wasser auffüllen. Alles zum Kochen bringen und bei schwacher Hitze in etwa 15 Minuten ausquellen lassen.
3. Inzwischen die Bohnen waschen, putzen und in wenig Salzwasser bißfest garen.
4. Die Hirse mit dem Tomatenmark verrühren und die klein geschnittenen Bohnen untermischen.
5. Die Masse mit den Gewürzen und den Kräutern würzen. Alles gut durchziehen lassen, aber nicht mehr kochen. Mit geriebenem Käse bestreut servieren.

Römische Gnocchi mit Maisgrieß

Für 2 Personen

125 g Maisgrieß
Meersalz
2 EL Öl
2 Eigelb
2 Eiweiß
2 große Zwiebeln
2 EL Öl
50 g geriebener Käse

1. Den Maisgrieß mit etwas Meersalz in 500 ml Wasser bei schwacher Hitze zu einem dicken Brei kochen. Auf der ausgeschalteten Platte etwa 20 Minuten quellen und anschließend auskühlen lassen.
2. Das Öl und die Eigelbe unterrühren. Die Eiweiße steif schlagen und unterheben.
3. 2 Liter Salzwasser aufkochen lassen. Mit 2 Eßlöffeln Klößchen von der Masse abstechen und etwa 15 Minuten in heißem Wasser ziehen lassen.
4. Die Zwiebeln schälen, fein würfeln und in Öl goldgelb rösten.
5. Die Klößchen mit gerösteten Zwiebeln und geriebenem Käse bestreut servieren.

TIP

Zu diesem Gericht passen die verschiedensten Salate sowie eine Tomatensoße.

Polenta mit Tomatensoße

Für 4 Personen
Polenta

250 g grober Maisgrieß
500 ml Wasser
500 ml Milch
Meersalz

Tomatensoße

6 mittelgroße Tomaten
1 EL Öl
150 ml Gemüsebrühe
Kräuter der Provence
Meersalz
Pfeffer
1 EL edelsüßes Paprikapulver
½ EL scharfes Paprikapulver
2 EL Butter
200 g geriebener Emmentaler
100 g Parmesan

1. Den Maisgrieß mit dem Wasser und der Milch sowie etwas Salz aufkochen und 20 Minuten bei schwächster Hitze ziehen lassen.
2. Kurz vor Ende der Garzeit die Platte ausschalten und den Brei ausdämpfen lassen.
3. Der Brei muß so dick sein, daß der Löffel darin steckenbleibt.
4. Die Tomaten waschen, klein schneiden und in Öl andünsten.
5. Mit Gemüsebrühe ablöschen und kurz kochen lassen.
6. Mit Kräutern der Provence, Salz, Pfeffer und Paprika abschmecken.
7. Die Polenta mit Butterflöckchen belegen. Emmentaler und Parmesan mischen und mit der Tomatensoße zur Polenta servieren.

Buchweizenklöße

Für 4 Personen

1 Zwiebel
2 EL Öl
150 g Buchweizengrütze
400 ml Gemüsebrühe
1 Lorbeerblatt
2 Eier
100 g geriebener Käse
3 EL feines Weizenvollkornmehl
2 Knoblauchzehen
Kräutersalz
½ TL Koriander
1 EL Majoran
1 EL Basilikum

1. Die Zwiebel schälen, fein hacken und in Öl andünsten.
2. Die Buchweizengrütze, die Gemüsebrühe und das Lorbeerblatt dazugeben. Aufkochen und bei schwacher Hitze etwa 15 Minuten ziehen und quellen lassen.
3. Die erkaltete Masse mit den Eiern, dem geriebenen Käse und dem Mehl verrühren.
4. Mit den Gewürzen und Kräutern abschmecken.
5. Mit nassen Händen Klöße formen und in leicht kochendes Salzwasser geben. Die Klöße in etwa 15 Minuten garen.

_____TIP_____

Zu diesen Klößen können Sie gedünstetes Gemüse und Salat anbieten.

Quark-Grieß-Klöße

Für 2 Personen

1 EL Butter
2 Eier
etwas Meersalz
150 g Quark
3 EL Milch
100 g Weizenvollkorngrieß
6 EL ungeschälter Sesam
etwas Öl

1. Die Butter schaumig rühren, Eier und Salz dazugeben und alles gut verquirlen.
2. Den Quark und die Milch dazugeben und verrühren. Nach und nach den Grieß unterrühren. Den Teig etwas ruhen lassen.
3. Mit einem nassen Löffel kleine Klöße abstechen und in kochendes Salzwasser geben. Die Klöße noch einige Minuten ziehen lassen, sobald sie nach oben gestiegen sind.
4. Den Sesam in Öl unter häufigem Wenden goldgelb rösten.
5. Die Klöße auf einer Platte anrichten und mit geröstetem Sesam bestreut servieren.

_____TIP_____

Quark-Grieß-Klöße sind leicht verdaulich und schmecken mit dem gerösteten Sesam besonders gut.

Gebackene Weizenfladen

Für 2 Personen

250 g feines Weizenvollkornmehl
etwas Meersalz
500 g Tomaten
Origano
Pfeffer
100 g Edelpilzkäse

1. Das Mehl mit etwas Salz mischen und mit so viel Wasser vermengen, bis ein fester Teig entsteht.
2. Den Teig kräftig durchkneten und auf einer bemehlten Arbeitsfläche zu Fladen ausrollen. Die Teigfladen auf ein gefettetes Blech legen.
3. Die Tomaten waschen, in Scheiben schneiden und die Fladen damit belegen. Das Ganze mit Origano und Pfeffer würzen.
4. Den Edelpilzkäse zerbröckeln und auf den Fladen verteilen. Bei 200°C etwa 20 Minuten backen.

Grünkern-Gemüse-Suppe

Für 4 Personen

100 g Grünkernschrot
1 l Gemüsebrühe
1 Lorbeerblatt
1 Bund Frühlingszwiebeln
2 Möhren
200 g Champignons
100 g frische Erbsen
Muskat
Curry
Basilikum
2 EL Sauerrahm

1. Den Grünkernschrot mit der Gemüsebrühe aufkochen. Das Lorbeerblatt hinzufügen.
2. Die Frühlingszwiebeln waschen, putzen und in Ringe schneiden.
3. Die Möhren waschen, eventuell schälen und fein würfeln. Die Champignons putzen, kurz abbrausen und blättrig schneiden.
4. Das vorbereitete Gemüse mit den Erbsen in die Brühe geben und bei schwacher Hitze etwa 15 Minuten garen.
5. Die Suppe mit etwas Muskat, Curry und Basilikum abschmecken und mit dem Sauerrahm verfeinern.

VARIATION

Sie können dieses Gericht auch mit Sechskorn- oder Weizenschrot zubereiten.

Grünkernklöße

Für 4 Personen

1 mittelgroße Zwiebel
2–3 EL Öl
1 Lorbeerblatt
etwas Meersalz
200 g Grünkernschrot
Muskat
Pfeffer
edelsüßes Paprikapulver
Liebstöckel
2 EL gehackte Petersilie
1 EL Kräuter der Provence
2 Eier
2 EL Weizenvollkorn- oder Vollsojamehl
3 EL Vollkornsemmelbrösel

1. Die Zwiebel schälen, fein würfeln und in heißem Öl andünsten.
2. Mit 500 ml Wasser auffüllen, die Gewürze und den Grünkernschrot dazugeben und bei schwacher Hitze etwa 15 Minuten quellen, dann etwas auskühlen lassen.
3. Mit den Gewürzen und Kräutern abschmecken.
4. Die Eier unterrühren und die Masse mit dem Mehl und den Semmelbröseln gut mischen.
5. Mit nassen Händen Klöße formen, in kochendem Salzwasser etwa 15 Minuten ziehen lassen.

Tip

Grünkernklöße sind als Beilage zu Fleisch, Fisch und gedünstetem Gemüse geeignet.

Weizenschrot-Gemüse-Gericht

Für 4 Personen

150 g Weizenschrot
250 g frische grüne Bohnen
200 g Brokkoli
3 Möhren
1 Zwiebel
2 Knoblauchzehen
etwa 1 Tasse Gemüsebrühe
150 g frische Erbsen
Pfeffer
Liebstöckel
Basilikum
Origano
1 EL Butter
100 g geriebener Parmesankäse
80 g geriebener Emmentaler Käse

1. Den Weizenschrot in wenig Salzwasser aufkochen und 10 Minuten bei schwacher Hitze quellen lassen.
2. Bohnen und Brokkoli waschen, putzen, die Bohnen in Stücke und die Brokkoli in Röschen schneiden.
3. Die Möhren waschen, eventuell schälen und in dünne Scheiben schneiden.
4. Die Zwiebel schälen, fein würfeln und mit den Erbsen, den zerdrückten Knoblauchzehen und dem restlichen Gemüse in der Gemüsebrühe weich dünsten.
5. Das Gemüse unter den Weizenschrot mischen und mit Pfeffer und den Kräutern abschmecken.
6. Die Butter unterrühren und das fertige Gericht mit einem Gemisch aus Parmesan und Emmentaler bestreuen. Sie können das Gericht auch kurz im Backofen überbacken.

Delikate Grünkernfrikadellen

Für 2 Personen

125 g Grünkernschrot
1 Lorbeerblatt
300 ml Gemüsebrühe
1 Ei
Pfeffer
1 EL gehackte Petersilie
1 TL Majoran
Meersalz
50 g grob geraspelte Mandeln
Öl zum Backen
1 Apfel
Öl zum Braten
einige Scheiben Emmentaler Käse

1. Den Grünkernschrot mit dem Lorbeerblatt in der Gemüsebrühe aufkochen und bei schwächster Hitze etwa 10 Minuten quellen lassen.
2. Abkühlen lassen und das Lorbeerblatt entfernen.
3. Das Ei unterrühren und mit Pfeffer, Petersilie und Majoran abschmecken. Nach Geschmack noch mit wenig Meersalz würzen.
4. Aus dem Teig Küchlein formen und in den geraspelten Mandeln wenden. Dann in Öl beidseitig goldgelb backen. Die Grünkernküchlein auf ein Backblech legen.
5. Den Apfel waschen, das Kerngehäuse ausstechen und den Apfel in 1 cm dicke Scheiben schneiden. In etwas Öl kurz anbraten und auf die Küchlein legen.
6. Zum Schluß den Käse auf die Frikadellen legen und alles kurz gratinieren, bis der Käse geschmolzen ist.

Hafergrütze-Pilz-Bratlinge

Für 2 Personen

100 g Hafergrütze
1 kleine Zwiebel
1 EL Öl
100 g Pilze
1 Möhre
2 EL gehackte Petersilie
Liebstöckel
edelsüßes Paprikapulver
Hefeflocken
etwas Pfeffer
Meersalz
2 EL feines Weizenvollkornmehl
Öl zum Backen

1. Die Hafergrütze über Nacht in Wasser quellen lassen.
2. Die Zwiebel schälen, fein würfeln und in Öl andünsten. Vom Herd nehmen und die Hafergrütze in die Pfanne rühren.
3. Die Pilze putzen, kurz abbrausen und fein hacken, die Möhre waschen, eventuell schälen und fein würfeln. Beides untermischen.
4. Das Ganze mit Petersilie, Liebstöckel, Paprika, Hefeflocken, Pfeffer und Salz abschmecken. (Die Masse wird ohne Ei zubereitet.)
5. Das Mehl unterrühren, kleine Bratlinge aus der Masse formen und in Öl auf beiden Seiten goldgelb ausbacken.
(Farbtafel 6)

Farbtafel 5:
Hirse-Gemüse-Auflauf (Rezept S. 55)

Buchweizen-Gemüse-Topf mit Weinsoße

Für 4 Personen

150 g Buchweizenschrot
400 ml Gemüsebrühe
200 g Fenchel
200 g Zucchini
200 g rote Paprikaschote
1 Zwiebel
100 g frische Erbsen
1 Knoblauchzehe
etwas Gemüsebrühe
Pfeffer
Basilikum
1 EL gehackte Petersilie
Rosmarin

Weinsoße

2 EL Öl
30 g sehr feines Weizenvollkornmehl
Hefeflocken
etwas Zitronensaft
Meersalz
edelsüßes Paprikapulver
3 EL Weißwein
etwas Sahne
1 Eigelb

1. Den Buchweizenschrot mit der Gemüsebrühe zum Kochen bringen und bei geringer Hitze in etwa 10 Minuten ausquellen lassen.
2. Das Gemüse waschen und putzen. Fenchel und Zucchini in Scheiben und die entkernte Paprikaschote in kleine Würfel schneiden.
3. Die Zwiebel schälen, fein hacken und mit den Erbsen, der zerdrückten Knoblauchzehe und dem vorbereiteten Gemüse in Gemüsebrühe weich dünsten.
4. Den fertigen Buchweizenschrot dazugeben und alles gut vermengen. Mit Pfeffer, Basilikum, Petersilie und Rosmarin abschmecken.
5. Für die Soße das Öl mit dem Mehl in einem kleinen Topf verrühren.
6. Mit etwas Wasser auffüllen, die Hefeflocken unterrühren und die Soße bis zum Aufkochen glatt rühren.
7. Mit Zitronensaft, Meersalz und Paprika würzen und den Weißwein unter Rühren dazugeben.
8. Die Soße mit Sahne und Eigelb legieren und zum Buchweizen-Gemüse-Topf servieren.

Farbtafel 6:
Hafergrütze-Pilz-Bratlinge (Rezept S. 64)

Weizenschrotauflauf mit Spargel

Für 4 Personen

200 g Weizenschrot
Meersalz
2 EL gehackte Petersilie
1 EL Butter
1000 g Spargel
Öl für die Form

Soße

2 EL Öl
2 EL sehr feines Weizenvollkornmehl
Spargelwasser
125 ml Sahne
Pfeffer
Muskat
Rosmarin
Dill
50 g geriebener Käse

1. Den Weizenschrot in 500 ml Wasser aufkochen lassen und 20 Minuten bei schwacher Hitze quellen lassen.
2. Mit Salz und Petersilie abschmekken und die Butter unterrühren.
3. Den Spargel schälen und in leicht gesalzenem Wasser garen.
4. Eine feuerfeste Form mit Öl auspinseln, den Weizenschrotbrei hineingeben und den Spargel darauf verteilen.
5. Das Öl erhitzen, das Mehl dazugeben und anschwitzen lassen.
6. Mit dem Spargelwasser unter ständigem Rühren nach und nach ablöschen.

7. Die Sahne steif schlagen und unterrühren. Würzen und den geriebenen Käse in die Soße einrühren.
8. Die Soße über den Auflauf gießen und alles bei 200°C im vorgeheizten Backofen etwa 15 Minuten goldgelb überbacken.

VARIATION

Besonders pikant schmeckt dieser Auflauf, wenn Sie noch 200 g Krabben auf dem Spargel verteilen.

Delikate Roggenravioli

Für 6 Personen

Nudelteig

300 g feines Roggenvollkornmehl

etwas Meersalz

3 Eier

3 TL Öl

Füllung

300 g Spinat

200 g körniger Frischkäse

2 Knoblauchzehen

3 EL Pinienkerne

100 g geriebener Parmesankäse

reichlich Basilikum

Meersalz

Pfeffer

Außerdem

1 Eiweiß

2 große Zwiebeln

etwas Öl

1. Das Mehl mit dem Salz mischen, Eier und Öl unterrühren und alles etwa 5 Minuten kräftig kneten. Den Teig 1 Stunde ruhen lassen.
2. Den Spinat waschen, verlesen, von den Stielen befreien und bei schwacher Hitze in einem Topf mit wenig Wasser kurz andünsten.
3. Den Frischkäse mit den zerdrückten Knoblauchzehen, den fein gehackten Pinienkernen und dem Parmesan verrühren.
4. Mit Basilikum, Salz und Pfeffer würzen, das Ganze zum abgetropften Spinat geben und gut mischen.

5. Den Nudelteig auf etwas Mehl zu einem Rechteck ausrollen. Auf eine Hälfte der Teigfläche in Abständen von etwa 8 cm je 1 Eßlöffel Füllung geben.
6. Die Zwischenräume mit Eiweiß bestreichen. Die andere Teighälfte darüberdecken, die Zwischenräume andrücken und Kreise von etwa 5 cm ausstechen.
7. Die Ravioli dann in kochendem Salzwasser etwa 10 Minuten ziehen lassen.
8. In der Zwischenzeit die Zwiebeln schälen, in Ringe schneiden und in etwas Öl anrösten.
9. Die Ravioli mit den gerösteten Zwiebeln bestreut servieren.

TIP

Servieren sie dazu einen Tomatensalat.

Hausgemachte Vollkornnudeln

Für 4 Personen

300 g feines Weizenvollkornmehl
2 Eier
4–5 EL Wasser
1 TL Salz
1 TL Öl

1. Das Mehl auf eine Arbeitsfläche geben und in die Mitte eine Mulde drücken.
2. Die Eier mit Wasser und Salz verquirlen und in die Mulde gießen.
3. Alles zu einem Teig verarbeiten und so lange kneten, bis der Teig glatt und geschmeidig ist.
4. Den Teig auf einer bemehlten Arbeitsfläche so dünn wie möglich ausrollen, mit dem Messer in dünne Streifen schneiden und leicht antrocknen lassen.
5. Die Nudeln in kochendes Salzwasser geben. Einen kleinen Schuß Öl hinzufügen, dann kleben die Nudeln nicht so leicht zusammen.
6. Nach etwa 10 Minuten die Nudeln herausnehmen und auf einem Sieb abtropfen lassen.

Italienisches Nudelgericht

Für 2 Personen

1 Knoblauchzehe
2 EL Pinienkerne
1 EL Olivenöl
1 EL Basilikum
½ EL Majoran
50 g Schafskäse
1 EL Sahne
6 EL warmes Wasser
100 g Vollkornspaghetti
½ EL Butter

1. Die Knoblauchzehe zerdrücken, die Pinienkerne hacken, beides mit dem Olivenöl verrühren.
2. Basilikum, Majoran und den zerbröselten Schafskäse dazugeben und alles mit Sahne und Wasser sorgfältig glattrühren.
3. Die Spaghetti in Salzwasser 10 Minuten nicht zu stark kochen. Abschütten und in Butter schwenken.
4. Die Nudeln auf Tellern anrichten, mit der Kräutersoße begießen und sofort servieren.

TIP

Servieren Sie zu diesem Nudelgericht einen frischen, knackigen Salat.

Lasagne al forno

Für 4–6 Personen

Nudelteig

1 Rezept hausgemachte Vollkornnudeln, S. 68

Tomatensoße

2 mittelgroße Zwiebeln
100 g Hackfleisch
etwas Öl
2 Knoblauchzehen
400 g Tomaten
etwas Gemüsebrühe
Pfeffer
edelsüßes Paprikapulver
scharfes Paprikapulver
Basilikum
Origano
Thymian
etwas Rotwein

Béchamelsoße

2 EL Öl
2 EL feines Vollkornmehl
240 ml Milch
Pfeffer
Muskat
Meersalz
1 EL gehackte Petersilie

Außerdem

150 g geriebener Parmesankäse
1 TL Öl
1 TL Butter

1. Den Nudelteig wie im Rezept be-schrieben zubereiten, dünn ausrol-len und anstatt in Streifen in Rechtek-ke von etwa 5 x 10 cm schneiden. Nach Anweisung kochen. Inzwi-schen die beiden Soßen zubereiten.
2. Für die Tomatensoße die Zwie-beln schälen und fein hacken. Das Hackfleisch und die Zwiebeln in Öl anbraten.
3. Anschließend die zerdrückten Knoblauchzehen und die gewasche-nen und klein geschnittenen Toma-ten hinzugeben.
4. Mit etwas Gemüsebrühe ablö-schen, kurz köcheln lassen und die Soße mit Pfeffer, Paprika, Basilikum, Origano und Thymian abschmek-ken. Mit einem Schuß Rotwein ver-feinern.
5. Für die Béchamelsoße das Öl in einen kleinen Topf geben und das Mehl unter ständigem Rühren bei schwacher Hitze einige Minuten leicht rösten.
6. Die Milch langsam dazugießen und alles rühren, bis die Soße leicht kocht. Mit Pfeffer, Muskat, Salz und Petersilie abschmecken.
7. Eine rechteckige, große Auflauf-form mit Öl einpinseln und die Nu-deln abwechselnd mit Tomaten- und Béchamelsoße und etwas Par-mesankäse einschichten. Den Ab-schluß bildet eine Teigplatte, die mit dem restlichen Käse bestreut und mit Butterflöckchen belegt wird.
8. Die Lasagne im vorgeheizten Ofen bei 200°C etwa 30 Minuten backen.

Lauch-Nudel-Auflauf

Für 4 Personen

200 g Vollkornnudeln (Hörnchen)
1000 g Lauch
1 Zwiebel
2 Knoblauchzehen
etwas Gemüsebrühe
Hefeflocken
Thymian
Origano
Liebstöckel
Basilikum
1 TL Butter
4 Tomaten
50 g geriebener Parmesankäse
100 g geriebener Emmentaler Käse
Vollkornsemmelbrösel
1 EL Butter

1. Die Nudeln in Salzwasser garen.
2. Den Lauch putzen, waschen und in 2 cm lange Stücke schneiden. Die Zwiebel schälen, fein würfeln und mit dem Lauch und den zerdrückten Knoblauchzehen in etwas Gemüsebrühe nicht zu weich dünsten.
3. Mit Hefeflocken, Thymian, Origano, Liebstöckel und Basilikum würzen und die Butter unterrühren.
4. Die Tomaten waschen und in Scheiben schneiden.
5. Nun eine Auflaufform einfetten, schichtweise Nudeln, Lauch und Tomatenscheiben einfüllen.
6. Parmesan und Emmentaler mischen, über den Auflauf geben. Mit Semmelbröseln bestreuen.
7. Obenauf einige Butterflöckchen setzen und den Auflauf bei 200° C 15 Minuten überbacken.

Nudelauflauf mit Kräuterquark

Für 4 Personen

200 g Vollkornnudeln
1 Zwiebel
1 Knoblauchzehe
250 g Quark
2 Eier
Kräutersalz
gemischte, gehackte Kräuter
80 g geriebener Parmesankäse

1. Die Nudeln in Salzwasser garen.
2. Die Zwiebel schälen, fein würfeln und mit der zerdrückten Knoblauchzehe, dem Quark und den Eiern verrühren.
3. Die Masse mit Kräutersalz und den frischen Kräutern pikant abschmecken.
4. Eine Auflaufform mit Öl auspinseln und abwechselnd eine Lage Nudeln und eine Lage Kräuterquark einschichten.
5. Den Auflauf bei 180° C etwa 20 Minuten backen. Mit Parmesan bestreut servieren.

TIP

Dazu paßt ein frischer Salat.

Schnelle Nudelpfanne

Für 2 Personen

2 mittelgroße Zwiebeln
2 EL Öl
100 g Pilze
100 g gekochte Vollkornnudeln
(35 g Rohprodukt)
Pfeffer
Kräutersalz
2 Eier
Petersilie

1. Die Zwiebeln schälen, fein hakken und in Öl andünsten.
2. Dann die Pilze putzen, kurz abbrausen, klein schneiden, dazugeben und rösten.
3. Die gekochten Vollkornnudeln hinzufügen und alles mit Pfeffer und Kräutersalz würzen.
4. Die Eier verquirlen, darübergeben und stocken lassen. Mit Petersilie bestreut servieren.

TIP

Zu diesem Nudelgericht passen alle Blattsalate.

Kräutermakkaroni

Für 4 Personen

250 g Vollkornmakkaroni

Soße

2 mittelgroße Zwiebeln
1 Knoblauchzehe
2 EL Öl
½ TL Thymian
1 Msp. Muskatblüte
Koriander
Curry
Paprikapulver
3 EL Weizenschrot
1 Tasse Gemüsebrühe
Hefeflocken
Kräutersalz
etwas Butter oder Sahne
1 Bund Petersilie

1. Die Makkaroni in gesalzenem Wasser 10 Minuten kochen lassen, dann abseihen.
2. Die Zwiebeln schälen, klein schneiden und mit der zerdrückten Knoblauchzehe in Öl andünsten.
3. Thymian, Muskatblüte, Koriander, Curry und Paprika zufügen und 2 Minuten mitrösten.
4. Dann den Weizenschrot unterrühren und die Gemüsebrühe nach und nach unter ständigem Rühren dazugießen. Leicht kochen lassen und alles zu einer dicklichen Soße verrühren.
5. Mit Hefeflocken, Kräutersalz, Butter oder Sahne abschmecken.
6. Die Petersilie klein schneiden und über die mit der Soße vermischten Makkaroni streuen.

Herzhafte Vollkornbäckerei

Sauerkrautpastete

Für 4 Personen

Teig

etwa 300 g feines Weizenvollkornmehl

etwas Meersalz

150 g Butter

1 Ei

3 EL Milch

Füllung

250 g Sauerkraut

1 TL Öl

1 Apfel

etwas Butter

200 g frische Ananas

1 EL Weizenkeime

1 Eigelb

1. Mehl und Salz mischen und mit Butter, dem Ei und der Milch zu einem zarten Teig verkneten und kühl stellen.
2. Das Sauerkraut in Öl andünsten. Den Apfel waschen, hineinreiben und mit etwas Butter unterrühren.
3. Das Sauerkraut sollte durch das Dünsten alle Flüssigkeit aufgebraucht haben. Restflüssigkeit abgießen oder binden.
4. Die Ananas in kleine Stücke schneiden und unter das Sauerkraut mischen.
5. Eine Springform mit dem Mürbeteig auslegen, dabei einen hohen Teigrand bilden. Etwas Teig für den Deckel übriglassen.

6. Den Teigboden mit Weizenkeimen bestreuen und das Sauerkrautgemisch einfüllen.
7. Den Teig für den Deckel auswellen, darüberlegen und mit Eigelb bestreichen.
8. Die Pastete im vorgeheizten Backofen bei 200° C in 30 bis 40 Minuten goldgelb backen.

TIP

Sie sollten den Teig etwa eine Stunde zugedeckt im Kühlschrank ruhen lassen. Dadurch wird er fester, läßt sich später besser ausrollen und klebt weniger.

Pizza

Für 1 runde Form

Quark-Öl-Teig

150 g feines Weizenvollkornmehl
100 g Quark
2 EL Öl
etwas Meersalz

Belag

3–4 Tomaten
100 g Champignons
1 grüne Paprikaschote
5 schwarze und 5 grüne Oliven
Weizenkeime
Origano
Pfeffer
Thymian
Basilikum
50 g geriebener Parmesankäse
100 g geriebener Emmentaler Käse

1. Das Mehl mit dem Quark, dem Öl und etwas Salz zu einem Teig verkneten. Den Teig ausrollen, eine Pizzaform damit auslegen.
2. Die Tomaten waschen, in Scheiben schneiden, die Champignons putzen, kurz abbrausen und blättrig schneiden.
3. Die Paprikaschote waschen, entkernen, in dünne Streifen schneiden. Die Oliven klein schneiden.
4. Den Teigboden mit Weizenkeimen bestreuen und mit den Zutaten belegen.
5. Mit Origano, Pfeffer, Thymian und Basilikum würzen und mit Parmesan und Emmentaler bestreuen.
6. Die Pizza im Ofen bei 200°C etwa 30 Minuten backen.

Pikante Kekse mit Käse-Walnuß-Kugeln

Teig

250 g feines Weizenvollkornmehl
etwas Meersalz
½ TL Weinstein-Backpulver
100 g Butter
1 Ei
2 EL Zitronensaft

Käse-Walnuß-Kugeln:

120 g Camembert
2–3 EL Quark
1 Eigelb
100 g geriebener Käse
etwas edelsüßes Paprikapulver
Walnußhälften zum Garnieren

1. Mehl, Salz und Backpulver mischen und mit der Butter, dem Ei und dem Zitronensaft zu einem mürben Teig verkneten.
2. Den Teig etwa 60 Minuten ruhen lassen.
3. Den Teig auf einer bemehlten Arbeitsplatte ausrollen und Kekse ausstechen.
4. Die Kekse bei 200°C in 10 bis 15 Minuten hellgelb backen.
5. Den Camembert mit dem Quark, dem Eigelb und dem geriebenen Käse zu einer glatten Masse verrühren.
6. Daraus kleine Kugeln formen und diese auf die Kekse setzen. Schöne Walnußhälften aussuchen und je eine in jede Käsekugel drücken.

Lauch-Walnuß-Torte

Für 4 Personen

Schneller Blätterteig

250 g feines Weizenvollkornmehl

etwas Meersalz

150 g Butter

einige EL Wasser

Füllung

1000 g Lauch

2 Knoblauchzehen

etwas Gemüsebrühe

200 g Sauerrahm

3 Eier

50 g Parmesankäse

Basilikum

Thymian

etwas Kräutersalz

Muskat

Pfeffer

Paprikapulver

Walnüsse zum Verzieren

1. Mehl und Salz mischen und die Butter in Flöckchen dazugeben. Alles mit dem Wasser vermischen und zu einem glatten Teig kneten. Den Teig eine Zeitlang ruhen lassen.
2. Für die Füllung den Lauch putzen, waschen und in 1 cm große Stücke schneiden.
3. Die Knoblauchzehen fein hacken und zusammen mit dem Lauch in wenig Gemüsebrühe halb weich dünsten, bis die Flüssigkeit aufgebraucht ist.

4. Sauerrahm, Eier und Parmesan verquirlen und mit den Kräutern und Gewürzen abschmecken.
5. Den Teig auf einer bemehlten Arbeitsplatte ausrollen, den Boden einer Springform damit auslegen und einen hohen Teigrand formen.
6. Den Lauch einfüllen, mit der Ei-Sahne-Mischung übergießen und mit Walnüssen belegen.
7. Die Torte bei 200°C etwa 50 Minuten backen.

VARIATION

Auf gleiche Art können Sie auch besonders dekorative, kleine Lauchtörtchen herstellen. Verwenden Sie dafür kleine Tortenförmchen, kleiden sie mit Teig aus und geben die Lauchfüllung hinein. Die Ei-Sahne-Mischung darüber verteilen und die Törtchen mit einigen Walnüssen dekorieren. Warm oder kalt serviert sind diese kleinen Lauchtörtchen ein herzhafter Snack.

Sonnenblumenbrot

1 Würfel frische Hefe
1 TL Honig
300–350 ml lauwarme Milch
250 g Weizenvollkornmehl
250 g Roggenvollkornmehl
2 TL Meersalz
50 g Sonnenblumenkerne

1. Die Hefe mit Honig und etwas Milch verrühren. 15 Minuten warm stellen und gehen lassen.
2. Den Hefeansatz mit den Mehlen, der restlichen Milch, dem Salz und den Sonnenblumenkernen mischen und so lange kneten, bis der Teig sich als Kloß von der Schüssel löst.
3. Den Teig warm stellen und etwa 40 Minuten gehen lassen.
4. Dann wieder durchkneten, zu einem Laib formen und weitere 30 Minuten gehen lassen. Anschließend mit Milch bestreichen und das Brot im vorgeheizten Backofen bei 220°C etwa 50 Minuten backen.

VARIATION

Den gleichen Teig können Sie auch für ein Kräuterbrot verwenden. Statt der Sonnenblumenkerne werden dem Teig dann frische oder getrocknete Kräuter beigemengt.
Sie können den Teig auch zu drei gleich langen Teigrollen formen. Mit Sesam, Kümmel oder Mohn bestreut, schmecken sie sehr gut.

Fünfkornfladen

Für 4 Personen

150 g Roggenvollkornmehl
150 g Weizenschrot
50 g Sesam
50 g Haferflocken
50 g Hirseflocken
knapp 2 TL Meersalz
etwas Wasser

1. Roggenvollkornmehl, Weizenschrot, Sesam, Hafer- und Hirseflocken mit Salz und Wasser zu einem nicht zu festen Teig vermischen.
2. Den Teig eine kurze Zeit ruhen lassen, damit die Hirse- und Haferflocken etwas quellen können. (Bei Bedarf noch etwas Wasser zufügen.)
3. Aus dem Teig 1 cm dicke Fladen formen.
4. Die Fladen bei 200°C etwa 20 Minuten im Backofen backen.

TIP

Stellen Sie zusätzlich eine mit heißem Wasser gefüllte Form in den Backofen. Der Wasserdampf verhindert das Austrocknen der Fladen.

Schottische Haferfladen

100 g Haferflocken
50 g Weizenvollkornmehl
3–4 EL Milch
etwas Meersalz
½ TL Weinstein-Backpulver
2–3 EL Öl
4 EL geriebener Käse
1 Eigelb

1. Haferflocken und Mehl mischen und mit der Milch, dem Salz, Backpulver, Öl und Käse zu einem Teig verarbeiten.
2. Den Teig auf einer bemehlten Arbeitsfläche ausrollen und mit einer Tasse kleine Fladen ausstechen.
3. Die Fladen mit Eigelb bestreichen und im vorgeheizten Ofen bei 180 bis 200°C etwa 10 Minuten backen. Wenn die Fladen zu dunkel werden, schmeckt der Hafer bitter.

VARIATION

Sie können die Fladen je nach Geschmack mit Sonnenblumenkernen, Leinsamen, Sesam, Kümmel oder Koriander bestreuen.

Pikante Käsehörnchen

250 g feines Weizenvollkornmehl
100 g Butter
250 g Quark
etwas Meersalz
100 g geriebener Käse
Curry
1 Eigelb
Kümmel

1. Mehl, Butter, Quark und etwas Salz zu einem Teig verkneten, 30 Minuten kühl stellen.
2. Den Teig auf einer bemehlten Arbeitsfläche dünn ausrollen und mit Käse und etwas Curry bestreuen.
3. Dann Vierecke ausrädeln oder ausschneiden, von einer Ecke zur anderen diagonal aufrollen, so daß Hörnchen entstehen.
4. Die Enden andrücken und die Hörnchen mit Eigelb bestreichen und mit Kümmel bestreuen. Im Backofen bei 200°C etwa 15 Minuten backen.

Schweizer Käsegebäck

250 g Haferflocken
etwas Öl
150 g feines Weizenvollkornmehl
150 g Butter
etwas Meersalz
120 g geriebener Parmesankäse
2 Eier
4 EL Wasser
1 Eigelb
Kümmel

1. Die Haferflocken in Öl goldgelb rösten, abkühlen lassen.
2. Anschließend mit dem Mehl, der Butter, dem Salz, dem Parmesankäse, den Eiern und dem Wasser zu einem Mürbeteig verkneten und für mindestens 1 Stunde kalt stellen.
3. Den Teig auf einer bemehlten Arbeitsfläche ausrollen und Streifen ausrädeln oder ausschneiden.
4. Diese mit Eigelb bestreichen und mit Kümmel bestreuen.
5. Das Gebäck bei 180° C ctwa 30 Minuten backen.

Holländische Käsestangen

Für 2 Personen

100 g feines Weizenvollkornmehl
80 g feines Roggenvollkornmehl
100 g Butter
1 Ei
80 g geriebener Parmesankäse
etwas Meersalz
80 g gehackte Mandeln

1. Die Mehle mischen und mit Butter, Ei, Parmesan und Salz zu einem Mürbeteig verkneten.
2. Den Teig zu dünnen Stangen rollen und diese in gehackten Mandeln wälzen.
3. Die Käsestangen auf einem ungefetteten Backblech bei 200° C etwa 20 Minuten lang goldgelb backen.

Tip

Auch mit Kümmel bestreut schmecken die Käsestangen sehr gut. Bieten Sie zu den Käsestangen Rohkostsalate an.

Süße Vollkornbäckerei

Hefevollkornwaffeln

250 g feines Weizenvollkornmehl
3 EL Hirseflocken
3 EL Sesam
1 Prise Meersalz
15 g frische Hefe
400 ml Milch
80 g Butter
2 Eier

1. Mehl, Hirseflocken, Sesam und Salz mischen und in die Mitte eine Mulde drücken.
2. Die Hefe hineinbröckeln und mit der Milch und etwas Mehlmischung verrühren. An einem warmen Ort etwa 15 Minuten gehen lassen.
3. Den Hefeansatz mit Mehl bestäuben, die zerlassene Butter und die verquirlten Eier dazugeben und alles gut verrühren.
4. Den Teig etwa 15 Minuten gehen lassen. Der Teig soll danach flüssig vom Löffel laufen.
5. Das Waffeleisen vorheizen und mit etwas Öl einpinseln. Den Teig mit einem großen Löffel einfüllen und goldgelbe Waffeln ausbacken. (Farbtafel 8)

TIP
Die Waffeln mit Obstsalat oder Kompott servieren.

Haferflockenwaffeln

Teig

250 g Haferflocken
625 ml Milch
50 g Sesam
etwas abgeriebene Schale einer unbehandelten Zitrone
1 Prise Meersalz
2 EL Butter
3–4 Eigelb
3–4 Eiweiß

Außerdem

6 EL Sesam
1 EL Öl
etwas Honig

1. Die Haferflocken mit der Milch übergießen und etwa 2 Stunden quellen lassen.
2. Sesam, Zitronenschale, Salz, die zerlassene Butter und die Eigelbe dazugeben und alles gut verrühren.
3. Die Eiweiße steif schlagen und unterziehen. Der Teig sollte nicht zu fest sein und vom Löffel fließen.
4. Das Waffeleisen erhitzen, mit Öl auspinseln und nach und nach goldgelbe Waffeln backen.
5. Den Sesam in Öl goldgelb rösten, mit Honig mischen und über die Waffeln geben.
(Farbtafel 8)

Früchte-Biskuit-Torte

50 g Weizenschrot
6 Eigelb
1 Prise Meersalz
6 EL flüssiger Honig
1 EL Rum
2 EL Zitronensaft
etwas abgeriebene Schale einer unbehandelten Zitrone
6 Eiweiß
100 g Datteln
100 g getrocknete Aprikosen
200 g gemahlene Haselnüsse
4 EL gehackte Mandeln

1. Den Weizenschrot mit den Eigelben, Salz, Honig, Rum, dem Zitronensaft und der Zitronenschale schaumig schlagen.
2. Die Eiweiße steif schlagen und vorsichtig unterheben.
3. Die Datteln entkernen und klein schneiden. Die Aprikosen fein würfeln und mit den Haselnüssen und den Datteln vorsichtig unter den Teig mischen.
4. Den Teig in eine gefettete, mit Mehl bestäubte Springform füllen und die Mandeln darüberstreuen.
5. Die Torte im vorgeheizten Backofen bei 180°C etwa 45 Minuten backen.

---TIP---

Servieren Sie die Torte mit frischem Obst und Sahne zum Kaffee.

Mürbeteigtortenboden

1 Tasse feines Weizenvollkornmehl
1 Tasse Haferflocken
25 g geriebene Mandeln
25 g geriebene Haselnüsse
1 Ei
100 g Butter
3 EL Honig

1. Mehl, Haferflocken, Mandeln und Haselnüsse mischen und mit dem Ei, der Butter und dem Honig zu einem festen Teig verkneten.
2. Den Teig im Kühlschrank etwa 60 Minuten ruhen lassen.
3. Dann den Teig auf den Boden einer Springform legen und ausrollen; was über den Rand hinausragt, abschneiden.
4. Den Rand der Springform aufsetzen. Aus dem abgeschnittenen Teigrest eine Kordel drehen und daraus den Rand formen.
5. Den Tortenboden mit einer Gabel mehrmals einstechen und im vorgeheizten Ofen bei 180°C 20 bis 30 Minuten backen.

---TIP---

Damit der Tortenboden beim Backen keine Blasen wirft, können Sie den Teigboden mit Backpapier auslegen, mit Hülsenfrüchten beschweren und dann backen. Durch das Blindbacken bleibt der Boden flach, und der Rand verzieht sich nicht.

Obsttorte

1 Mürbeteigboden, Rezept S. 79
Obst der Saison
Fruchtsaft
etwas Honig
Zimt
Agar-Agar

1. Den Mürbeteigboden wie im Rezept beschrieben backen.
2. Das Obst waschen, klein schneiden und auf dem erkalteten Boden verteilen.
3. Fruchtsaft mit Honig und etwas Zimt aufkochen, Agar-Agar unterrühren, kurz kochen lassen. Noch warm über dem Obst verteilen und kalt werden lassen.

TIP

Sie können die Torte nach Geschmack auch mit gehackten Mandeln oder Haselnüssen garnieren.

Bananen-Quark-Torte

1 Mürbeteigboden, Rezept S. 79
250 g Quark
etwas Zitronensaft
etwas Sahne oder Milch
3 EL Honig
½ TL gemahlene Vanille
1 Banane
Früchte der Saison zum Verzieren

1. Den Mürbeteigboden wie im Rezept beschrieben backen.
2. Den Quark mit Zitronensaft und Sahne oder Milch glatt rühren. Honig und Vanille unterrühren.
3. Die Banane schälen, zerdrücken und unter den Quark heben.
4. Die Quarkmasse auf dem erkalteten Mürbeteigboden verteilen und die Torte nach Wunsch mit den Früchten verzieren.

Farbtafel 7:
Russische Plinsen (Rezept S. 59)

Sahne-Beeren-Torte

1 Mürbeteigboden, Rezept S. 79
250 g Beeren
250 g Sahne
etwas Honig
1/2 TL gemahlene Vanille

1. Den Mürbeteigboden wie im Rezept beschrieben backen.
2. Die Beeren waschen, abtropfen lassen und je nach Größe klein schneiden.
3. Die Sahne steif schlagen, mit Honig süßen, die Vanille dazugeben und die Beeren unterheben.
4. Die Obstsahne auf dem erkalteten Tortenboden verteilen und mit einigen Früchten garnieren.

Zwetschgenkuchen

1 Mürbeteigboden, Rezept S. 79
Zwetschgen

1. Den Mürbeteig wie beschrieben zubereiten und eine Springform damit auslegen.
2. Die Zwetschgen waschen, halbieren, entsteinen und jede Hälfte einmal einkerben.
3. Die vorbereiteten Zwetschgen auf dem Boden verteilen und den Kuchen bei 180°C etwa 30 Minuten backen.

Buchweizen-Hirse-Kekse

200 g Buchweizenmehl
150 g Hirsemehl oder Hirseflocken
150 g feines Weizenvollkornmehl
250 g Butter
6–7 EL Ahornsirup oder Honig
1/2 TL gemahlene Vanille
1 Prise Meersalz

1. Buchweizenmehl, Hirsemehl oder Hirseflocken und Weizenvollkornmehl mischen.
2. Die Butter in Flöckchen dazugeben und alles mit Sirup oder Honig, Vanille und Salz zu einem Mürbeteig verkneten.
3. Den Teig zu einer Rolle formen und diese 1–2 Stunden im Kühlschrank ruhen lassen.
4. Von der Teigrolle 1 cm dicke Scheiben abschneiden und auf ein Backblech legen. Die Kekse bei 200°C etwa 15 Minuten backen.

Farbtafel 8:
Hefevollkornwaffeln und Haferflockenwaffeln (Rezepte S. 78)

Windbeutel
mit Sahnequarkfüllung

Für 8 kleine Windbeutel

Teig

100 ml Wasser
1 EL Butter
60 g feines Weizenvollkornmehl
2 Eier
2 Msp. Weinstein-Backpulver

Füllung

250 g Sahnequark
etwas Honig
½ TL gemahlene Vanille
Zitronensaft
100 g Himbeeren
100 g Erdbeeren
100 g Johannisbeeren
einige Beeren zum Dekorieren

1. Das Wasser mit der Butter zum Kochen bringen.
2. Den Topf von der Herdplatte nehmen und das Mehl auf einmal dazuschütten. Die Masse unter Rühren erhitzen, bis sie sich als Kloß vom Topfboden löst.
3. Sofort die Eier mit dem Schneebesen unterrühren und den Teig abkühlen lassen.
4. Das Weinstein-Backpulver einrühren, mit einem Löffel walnußgroße Teighäufchen abstechen und auf ein gefettetes, mit Mehl bestäubtes Blech setzen.
5. Die Windbeutel im vorgeheizten Backofen bei 220°C etwa 30 Minuten backen. Dabei die Ofenklappe in den ersten 20 Minuten nicht öffnen, sonst fallen sie zusammen.

6. Die fertigen Windbeutel gleich nach dem Backen in der Mitte aufschneiden und abkühlen lassen.
7. Für die Füllung den Quark mit Honig, Vanille und Zitronensaft zu einer Creme rühren.
8. Die Beeren waschen, abtropfen lassen und vorsichtig unter die Quarkcreme heben.
9. Die Windbeutel damit füllen und mit einigen Früchten dekorieren.

TIP

Da der Brandteig für die Windbeutel ohne Zucker beziehungsweise Honig zubereitet wird, können Sie dieses Gebäck auch mit einer salzigen, pikanten Füllung anbieten. Versuchen Sie einmal Windbeutel mit Kräuter- und Paprikaquark und einer Käsecreme.

Wiener Nußstrudel mit Sauerkirschen

Teig

300 g feines Weizenvollkornmehl

1 Prise Meersalz

1 Ei

1 EL Öl

125 ml warmes Wasser

Füllung

150 g Vollkornsemmelbrösel

etwas Öl

250 g gemahlene Haselnüsse

250 g Sauerrahm

½ TL Kardamom

etwas gemahlene Vanille

3 EL Honig

550 g Sauerkirschen

Butter zum Bestreichen

1. Mehl und Salz in eine Schüssel geben.

2. Ei, Öl und Wasser gut miteinander verquirlen und unter das Mehl mischen.

3. Den Teig gut kneten, mit einem Tuch abgedeckt etwa 30 Minuten ruhen lassen.

4. Danach den Teig auf einem Tuch so dünn wie möglich ausrollen, mit beiden Händen unter den Teig greifen und ihn vorsichtig noch weiter auseinanderziehen.

5. Die Semmelbrösel in Öl anrösten und auf dem Teig verteilen. Die gemahlenen Haselnüsse darüberstreuen.

6. Sauerrahm, Kardamom, Vanille und Honig verrühren und über der Nußschicht verteilen.

7. Die Sauerkirschen waschen, entsteinen und auf dem Teig verteilen.

8. Einen 2 bis 3 cm breiten Teigrand ohne Belag lassen. Den Rand mit Wasser bestreichen, das Tuch seitlich anheben und den Teig zusammenrollen.

9. Den Strudel vorsichtig auf ein gefettetes Backblech legen, mit Butter bestreichen und bei 200°C etwa 40 Minuten backen. Während des Backens öfter mit Butter bestreichen.

10. Den fertigen Strudel warm oder kalt mit Sahne servieren.

VARIATION

Einen Apfelstrudel erhalten Sie, wenn Sie statt der Sauerkirschen Äpfel verwenden. Am besten eignet sich dafür eine etwas säuerliche Apfelsorte. Der Strudel schmeckt besonders gut, wenn Sie noch einige in Rum eingeweichte Rosinen zu der Füllung geben.

Süßspeisen und Desserts

Avocadotraum

Für 3–4 Personen

1 Avocado
Saft von 1 Zitrone
etwas Honig
2 reife Birnen
2 Kiwis
2 Nektarinen
einige getrocknete, ungeschwefelte
Aprikosen
100 ml Sahne
gehackte Haselnüsse
Sonnenblumenkerne

1. Die Avocado schälen, den Stein entfernen und das Fruchtfleisch mit der Gabel zerdrücken oder durch ein Sieb streichen.
2. Den Zitronensaft dazugeben und mit Honig abschmecken.
3. Die Birnen waschen und in Stükke schneiden. Die Kiwis schälen und ebenfalls klein schneiden.
4. Die Nektarinen waschen, das Fruchtfleisch würfeln, die Aprikosen klein schneiden.
5. Alle Zutaten mit der Avocadocreme mischen. Die Sahne schlagen und unterheben.
6. Den Avocadotraum in Glasschälchen anrichten und mit Haselnüssen und Sonnenblumenkernen bestreut servieren.

Melonentraum

Für 4 Personen

1 kleine Honigmelone
2–3 Kiwis
150 g Sahne
1 Msp. gemahlene Vanille
2 EL gemahlene Haselnüsse
hausgemachtes Haselnußeis (S. 89)
geröstete Sonnenblumenkerne

1. Die Melone entkernen und in kleine Würfel schneiden. Die Kiwis schälen und klein schneiden.
2. Die Sahne schlagen und mit der Vanille und den Haselnüssen vorsichtig mischen.
3. Das Haselnußeis auf Glasschälchen verteilen, Fruchtstückchen hinzufügen und die Haselnußsahne darauf verteilen. Das Ganze mit gerösteten Sonnenblumenkernen bestreuen.

Obstquark

Obst der Saison
Quark
Milch
Zitronensaft
Honig nach Geschmack

1. Das Obst waschen und je nach Größe zerkleinern.
2. Den Quark mit Milch glatt rühren, etwas Zitronensaft dazugeben und unterrühren.
3. Die vorbereiteten Früchte unter den Quark heben. Nach Geschmack mit etwas Honig süßen.

TIP

Sie können den Obstquark mit Weizen- oder Haferflocken, gekeimten Getreidekörnern, Mandeln oder Nüssen, geröstetem Sesam oder Leinsamen bestreuen. Als Gewürze können Sie Vanille, Zimt, Zitronen- oder Orangenschale unter den Quark rühren. Obstquark eignet sich sehr gut als Beilage zu Waffeln oder als süße Füllung für Pfannkuchen.

VARIATION

Sie können die Früchte auch im Mixer pürieren und dann unter den Quark rühren.

Sanddornquark

Für 2 Personen

250 g Quark
3–4 EL Sanddornsaft
Honig nach Geschmack
etwas Zitronensaft
1 Banane
1 Apfel

1. Den Quark mit Sanddornsaft, Honig und Zitronensaft verrühren.
2. Die Banane schälen und in Scheiben schneiden. Den Apfel waschen, vom Kerngehäuse befreien und klein schneiden.
3. Die Früchte vorsichtig unter den Quark heben.

Erdbeer-Bananen-Quark

Für 2 Personen

1 Banane
3 EL Quark
Saft von ½ Zitrone
etwas Honig
1 Msp. gemahlene Vanille
250 g Erdbeeren

1. Die Banane schälen, mit einer Gabel zerdrücken und mit Quark und Zitronensaft verrühren. Honig und Vanille unterrühren.
2. Die Erdbeeren waschen, die Kelchblätter entfernen, die Früchte in Stücke schneiden und unter den Bananenquark mischen.

Quark-Hirse-Auflauf mit Äpfeln

Für 4 Personen

3 Eigelb
2 EL Honig
etwas gemahlene Vanille
1 EL Butter
200 g Quark
etwas Milch
50 g Hirseflocken
2 Äpfel
etwas Zimt
3 Eiweiß
Öl für die Form
2 EL gehackte Mandeln

1. Die Eigelbe mit Honig, Vanille und Butter schaumig rühren.
2. Den Quark und die Milch unterrühren und die Hirseflocken dazugeben.
3. Die Äpfel waschen, entkernen, klein schneiden und in die Masse rühren. Mit Zimt abschmecken.
4. Die Eiweiße steif schlagen und unterheben.
5. Die Masse in eine geölte Auflaufform füllen und mit gehackten Mandeln bestreuen.
6. Den Auflauf bei 200°C etwa 30 Minuten goldgelb backen.

___VARIATION___

Statt mit Äpfeln können Sie den Auflauf auch mit Johannisbeeren, Pfirsichen oder Sauerkirschen zubereiten.

Himbeer-Kiwi-Pudding

Für 4 Personen

2 Kiwis
300 g Himbeeren
1 gehäufter TL Agar-Agar
½ l Apfelsaft (ungesüßt, naturrein)
etwas Zimt
200 ml Sahne

1. Die Kiwis schälen und in kleine Stücke schneiden. Die Himbeeren waschen und verlesen.
2. Agar-Agar in etwas Apfelsaft anrühren und mit dem restlichen Saft kurz aufkochen. Mit Zimt würzen.
3. Die Hälfte der Himbeeren in ein Puddingförmchen geben und etwas von dem leicht angedickten Saft darübergießen.
4. Dann einen Teil der Kiwis darauf verteilen (den Rest für die Garnierung verwenden) und wieder Saft dazugießen.
5. Dann die restlichen Himbeeren dazugeben und mit dem restlichen Saft begießen. Die Masse etwa 1 bis 2 Stunden kühl stellen.
6. Den Rand mit einem Messer lockern und den Pudding stürzen. Mit geschlagener Sahne anrichten und mit Kiwistückchen verzieren.

Überbackene Apfelscheiben

Für 2 Personen

2 kleine Bananen
6 EL Sahne
etwas Zitronensaft
1 Ei
etwas Honig
2 kleine Äpfel
Öl für die Form
2 EL gehackte Mandeln
etwas Preiselbeerkompott

1. Die Bananen schälen, mit einer Gabel zerdrücken und mit Sahne, Zitronensaft, Ei und Honig zu einer Soße verrühren.
2. Die Äpfel waschen, eventuell schälen, das Kerngehäuse ausstechen und die Äpfel in dünne Scheiben schneiden.
3. Eine flache Auflaufform mit Öl auspinseln, die Apfelscheiben hineinlegen, die Soße darübergeben und mit den Mandeln bestreuen.
4. Die Apfelscheiben bei 200°C etwa 20 Minuten backen. Mit etwas Preiselbeerkompott verzieren.

Orangensaftgelee mit Sahne

Für 4 Personen

1 Tütchen gemahlene Gelatine
500 ml frisch gepreßter Orangensaft
Saft von 1 Zitrone
200 g Sahne
1 Kiwi oder 1 Orange

1. Die Gelatine nach Packungsvorschrift in etwas Orangensaft auflösen und mit dem restlichen Orangensaft und Zitronensaft verquirlen.
2. Das Ganze in eine Puddingform füllen und im Kühlschrank einige Stunden stehen lassen, bis das Gelee fest ist.
3. Die Puddingform auf eine Platte stürzen, das Gelee mit geschlagener Sahne verzieren und mit Kiwischeiben oder Orangenspalten garnieren.

TIP

Sie können das Gelee auch in mehrere kleine Portionsförmchen füllen. Das sieht zum Anrichten schöner aus, und außerdem verringert sich dadurch die Kühlzeit.

Rhabarbergrütze mit Erdbeeren

Für 4 Personen

300 g Rhabarber
2–3 EL Weizenschrot
250 ml Wasser
Saft von 1 Zitrone
½ TL Zimt
3 EL flüssiger Honig
125 ml Weißwein
250 g Erdbeeren
200 g Sahne

1. Den Rhabarber waschen, putzen und in Stücke schneiden.
2. Den Weizenschrot in Wasser aufkochen und den vorbereiteten Rhabarber dazugeben.
3. Das Ganze bei mäßiger Hitze etwa 5 Minuten kochen lassen, dann den Weizenschrot auf der ausgeschalteten Platte weiter ausquellen lassen.
4. Zitronensaft, Zimt, Honig und Weißwein unterrühren.
5. Die Erdbeeren waschen, die grünen Blättchen entfernen und die Früchte klein schneiden.
6. Die Erdbeeren unter die Grütze heben. Die Rhabarbergrütze kalt mit geschlagener Sahne servieren.

Johannisbeeren in Mandelcreme

Für 2 Personen

3 EL gemahlene Mandeln
3 EL honiggesüßter Sanddornsaft
etwas Zitronensaft
gemahlene Vanille
250 g Johannisbeeren
100 ml Sahne
Johannisbeeren am Stiel zum Dekorieren

1. Die gemahlenen Mandeln mit Sanddornsaft zu einer Creme rühren und mit Zitronensaft und Vanille abschmecken.
2. Die Johannisbeeren entstielen und die Beeren mit der Mandelcreme und der steif geschlagenen Sahne mischen.
3. Die Masse auf Portionsschälchen verteilen und mit einigen Johannisbeeren garnieren.

Hausgemachtes Haselnußeis

Frùchte-Reis-Dessert

Für 4 Personen

4 Eier
80 g Honig
½ TL gemahlene Vanille
200 g Sahne
100 g geriebene Haselnüsse
1 TL Zimt
2 cl Rum

Für 2 Personen

1 Tasse Naturreis
3 Tassen Milch
1 Prise Meersalz
2 Scheiben frische Ananas
1 Kiwi
100 g Himbeeren
50 g Walnüsse
Saft von 1 Zitrone

1. Die Eier mit dem Honig und der Vanille in einer feuerfesten Form verschlagen und im Wasserbad oder auf dem Herd bei geringer Hitze schaumig schlagen.
2. Vom Feuer nehmen und kaltschlagen. Die steif geschlagene Sahne anschließend unterziehen.
3. Die Haselnüsse mit dem Zimt mischen und mit dem Rum unter die Creme heben.
4. Die Masse in eine Eisform geben und frosten.

1. Den Reis mit der Milch und dem Salz aufkochen und bei kleiner Hitze etwa 30 Minuten ausquellen lassen.
2. In der Zwischenzeit die Ananas in kleine Stücke schneiden. Die Kiwi schälen und ebenfalls klein schneiden. Die Himbeeren waschen und verlesen.
3. Die vorbereiteten Früchte vorsichtig unter den erkalteten Reis mischen. Die Walnüsse grob hacken und unterheben.
4. Den Früchtereis mit dem Zitronensaft abschmecken und in kleinen Glasschälchen anrichten.

Brotaufstriche und Toasts

Avocado-Oliven-Aufstrich

1 Avocado
etwas Mayonnaise
Hefeextrakt
einige trocken eingelegte schwarze und
grüne Oliven

1. Die Avocado schälen, entsteinen und mit einer Gabel zerdrücken.
2. Etwas Mayonnaise und Hefeextrakt unterrühren.
3. Die Oliven fein hacken und alles gut mischen.

Avocado-Eier-Aufstrich

1 Avocado
etwas Sauerrahm
2 hart gekochte Eier
½ EL Kapern
etwas Schnittlauch

1. Die Avocado schälen, entsteinen und pürieren. Mit Sauerrahm zu einer Creme rühren.
2. Die Eier fein hacken und die Kapern klein schneiden. Den Schnittlauch waschen, hacken und alle Zutaten gut mischen.

Avocado-Pilz-Aufstrich

1 Avocado
etwas Distelöl
etwas Zitronensaft
1 kleine Zwiebel
80 g Pilze
etwas Hefeextrakt

1. Die Avocado schälen, entsteinen und pürieren.
2. Distelöl und Zitronensaft unterrühren.
3. Die Zwiebel schälen, fein hacken, die Pilze putzen und ebenfalls fein hacken.
4. Alles gut mischen und mit Hefeextrakt würzen.

TIP

Sie können die verschiedenen Avocado-Brotaufstriche auch als Füllung für Tomaten verwenden, auf rohe Fenchelscheiben oder auf Kräcker spritzen oder auf einer Salatplatte anrichten.

Brotaufstrich mit Hefe

200 g Quark
50 g Butter
1 Ei
5 EL Hefeflocken
etwas Hefeextrakt
edelsüßes Paprikapulver
gehackte, frische Kräuter (Petersilie, Dill, Borretsch)
Radieschen
1 Tomate

1. Den Quark mit der Butter und dem Ei schaumig rühren.
2. Die Hefeflocken dazugeben und mit Hefeextrakt und Paprika würzen.
3. Die Kräuter unterrühren und den Brotaufstrich mit Radieschenscheiben und Tomatenachteln garnieren.

Spargelcremeaufstrich

250 g Spargel
100 g Quark
etwas Sahne
Kräutersalz
1 Msp. edelsüßes Paprikapulver
etwas Senfgurke
einige Kapern

1. Den Spargel schälen und in wenig Salzwasser weich dünsten.
2. Mit Quark und Sahne im Mixer pürieren und mit Kräutersalz und Paprika abschmecken.
3. Senfgurke und Kapern fein hakken und alles gut mischen.

Mandelmusaufstrich

250 g Quark
3 EL gemahlene Mandeln
1 EL Milch
etwas Kräutersalz
1 kleines Stück Sellerieknolle

1. Den Quark mit den Mandeln und der Milch glattrühren.
2. Mit Kräutersalz abschmecken.
3. Den Sellerie schälen, fein reiben und alles gut mischen.

TIP

Kleine Brotscheiben mit dem Mandelmus bestreichen und mit gehackten Mandeln und frischer Petersilie bestreut servieren.

Meerrettichbrotaufstrich

200 g Quark
1 EL Öl
2 EL geriebener Meerrettich
Kräutersalz

1. Den Quark mit dem Öl und dem Meerrettich verrühren.
2. Den Meerrettichquark mit Kräutersalz würzen.

Gorgonzola-Quark-Aufstrich

100 g Gorgonzola
150 g Quark
etwas Milch
etwas Pfeffer
edelsüßes Paprikapulver
etwas Meersalz

1. Gorgonzola mit Quark und Milch verrühren.
2. Mit Pfeffer, Paprika und Salz kräftig würzen.

TIP

Dieser Käseaufstrich schmeckt besonders pikant. Vollkorntoasts damit bestreichen und die Scheiben diagonal durchschneiden. Die Dreiecke mit Walnußkernen dekorieren.

Roh gerührte Marmelade

250 g Erdbeeren, Himbeeren, Brombeeren oder Aprikosen
fester Honig nach Geschmack

1. Die Früchte waschen, verlesen, putzen und dann pürieren.
2. Den festen Honig mit dem Handrührgerät langsam dazurühren, bis eine sämige Masse entstanden ist. Die Marmelade in Schraubgläser füllen und im Kühlschrank aufbewahren.

Vierfruchtmarmelade

100 g schwarze Johannisbeeren
300 g rote Johannisbeeren
350 g reife Stachelbeeren
250 g Süß- oder Sauerkirschen
3 EL Honig
1 Beutel Unigel

1. Die Früchte waschen, die Johannisbeeren von den Rispen befreien. Die Stachelbeeren putzen, die Kirschen entsteinen.
2. Alle Früchte grob mit dem Schneidestab des Handrührgerätes zerkleinern.
3. Das so vorbereitete Obst mit dem Honig und dem Unigel in einem großen Topf unter Rühren aufkochen.
4. 30 Minuten kochen lassen und die Marmelade sofort bis knapp unter den Rand in heiß ausgespülte Schraubgläser füllen.
5. Die Deckel fest zudrehen und die Gläser für 5 Minuten auf den Kopf stellen.
6. Während der nächsten 12 Stunden die Gläser nicht mehr bewegen und vor Licht und Durchzug schützen. Die Marmelade hält sich kühl und dunkel aufbewahrt 6 bis 8 Monate.

TIP

Unigel ist ein aus Apfelpektin und Fruchtzucker bestehendes Geliermittel. Es wird in 30-g-Tütchen in Naturkostläden manchmal auch in Reformhäusern angeboten.

Aprikosenkonfitüre mit Zitronenmelisse

500 g Aprikosen
3 EL Ahornsirup
2 gestr. TL Agar-Agar
Zitronenmelisse
Saft von ½ Zitrone

1. Die Aprikosen waschen, entsteinen und mit dem Schneidestab des Handrührgerätes zerkleinern.
2. Eine halbe Tasse vom Fruchtpüree abnehmen, mit dem Ahornsirup, dem Agar-Agar, den fein gehackten Zitronenmelisseblättchen und dem Zitronensaft mischen.
3. Das restliche Püree unter Rühren aufkochen, die Agar-Agar-Mischung unterrühren. Das Ganze knapp 2 Minuten kochen lassen und sofort in vorgewärmte Schraubgläser bis knapp unter den Rand füllen.
4. Die Gläser fest verschließen, für etwa 5 Minuten auf den Kopf stellen und während des Abkühlens 12 Stunden nicht bewegen. Im Kühlschrank oder einem kühlen Keller hält sich die Konfitüre mindestens 2 Monate.

Gebackenes Käsebrot auf englische Art

Für 1 Person

1 Scheibe Vollkorntoast
Butter
1 Scheibe Chester-, Gouda-,
Edamer- oder Emmentaler Käse
Paprikapulver

1. Das Brot mit Butter bestreichen und mit dem Käse belegen. Mit Paprika bestäuben.
2. Den Toast auf die mittlere Schiene in den vorgeheizten Backofen schieben und bei 200°C etwa 10 Minuten überbacken.

TIP

Dieses gebackene Käsebrot ist praktisch die Grundversion aller Toasts. Je nach Geschmack können Sie das Brot auch mit Pfirsich- oder Aprikosenschnitzen oder Ananasscheiben belegen und dann mit Käse überbacken. Ihrer Phantasie sind dabei keine Grenzen gesetzt. Hier noch eine schnelle Version für Knoblauchfreunde. Das Toastbrot mit Knoblauchbutter bestreichen und dann kurz mit Käse übergrillen.

Soja-Tomaten-Toast

Für 1 Person

1 Scheibe Vollkorntoast
Butter
2 EL Mungbohnensprossen
1 Tomate
1 Scheibe Käse
Kresse oder Petersilie

1. Das Brot kurz vortoasten und mit Butter bestreichen.
2. Die Mungbohnensprossen abbrausen, die Tomate waschen und in Scheiben schneiden.
3. Die Sprossen auf dem Toast verteilen und mit den Tomatenscheiben und dem Käse belegen.
4. Den Toast auf die mittlere Schiene in den vorgeheizten Backofen schieben und bei 200°C etwa 10 Minuten überbacken.
5. Mit Kresse oder Petersilie garniert servieren.

Apfel-Soja-Toast

Für 1 Person

1 Scheibe Vollkorntoast
Butter
2 EL Sojasprossen
1 Scheibe Käse
1 Apfelring
1 grüne Olive

1. Das Brot kurz vortoasten und mit Butter bestreichen.
2. Die Sojasprossen abbrausen, abtropfen lassen und auf dem Toast verteilen. Den Apfelring und die Käsescheibe darauflegen.
3. Den Toast auf die mittlere Schiene des vorgeheizten Backofens schieben und bei 200°C etwa 10 Minuten überbacken.
4. Mit der Olive garnieren und sofort servieren.

Rezeptverzeichnis

Nützliche Ratgeber

Stand: Sommer 1988

Essen und Trinken

FALKEN EXKLUSIV
Kochen in höchster Vollendung
Aus vier Elementen ist alles zusammengefügt (Theophrast). (4291) Von M. Wissing, M. Kirsch, 160 S., 230 Farbfotos, Leinen geprägt mit Schutzumschlag, im Schuber, **DM 98,–**, S 784.–

Was koche ich heute?
Neue Rezepte für Fix-Gerichte. (0608) Von A. Badelt-Vogt, 112 S., 16 Farbtafeln, kart. ●

Kochen für 1 Person
Rationell wirtschaften, abwechslungsreich und schmackhaft zubereiten. (0586) Von M. Nicolin, 136 S., 8 Farbtafeln, 23 Zeichnungen, kart. ●

Schnell und individuell
Die raffinierte Single-Küche
(4266) Von F. Faist, 160 S., 151 Farbfotos, Pappband. ●●●

Gesunde Kost aus dem Römertopf
(0442) Von J. Kramer, 128 S., 8 Farbtafeln, 13 Zeichnungen, kart. ●

FALKEN-FEINSCHMECKER
Pasta in Höchstform **Nudeln**
(0884) Von M. Kirsch, 64 S., 62 Farbfotos, Pappband. ●

Nudelgerichte
– lecker, locker, leicht zu kochen. (0466) Von C. Stephan, 80 S., 8 Farbtafeln, kart. ●

FALKEN-FEINSCHMECKER
In Hülle und Fülle
Pasteten und Terrinen
(0883) Von M. Kirsch, 48 S., 62 Farbfotos, Pappband. ●

FALKEN-FEINSCHMECKER
Spezialitäten unter knuspriger Decke
Aufläufe
(0882) Von C. Adam, 48 S., 33 Farbfotos, Pappband. ●

Eintöpfe und Aufläufe
Das Beste aus den Kochtöpfen der Welt (5079) Von A. und G. Eckert, 64 S., 50 Farbfotos, Pappband. ●●

FALKEN-FEINSCHMECKER
Herzhaftes für Leib und Seele
Eintöpfe
(0820) Von P. Klein, 48 S., 30 Farbfotos, Pappband. ●

Schnell und gut gekocht
Die tollsten Rezepte für den Schnellkochtopf. (0265) Von J. Ley, 96 S., 8 Farbtafeln, kart. ●

Kochen und backen im Heißluftherd
Vorteile, Gebrauchsanleitung, Rezepte. (0516) Von K. Kölner, 72 S., 8 Farbtafeln, kart. ●

Zaubern mit der schnellen Welle
Die neue Mikrowellenküche
(4289) Von F. Faist, 208 S., 188 Farbfotos, Pappband. ●

Das neue Mikrowellen-Kochbuch
(0434) Von H. Neu, 64 S., 4 Farbtafeln, 16 s/w Zeichnungen, kart. ●

Ganz und gar mit Mikrowellen
(4094) Von T. Peters, 208 S., 24 Farbfotos, 12 Zeichnungen, kart. ●●●

FALKEN-FEINSCHMECKER
Schnell auf den Tisch gezaubert
Kochen mit Mikrowellen
(0818) Von A. Danner, 64 S., 52 Farbfotos, Pappband. ●

Marmeladen, Gelees und Konfitüren
Köstlich wie zu Omas Zeiten – einfach selbstgemacht. (0720) Von M. Gutta, 32 S., 23 Farbfotos, 1 Zeichnung, Pappband. ●

Einkochen
nach allen Regeln der Kunst. (0405) Von B. Müller, 128 S., 8 Farbtafeln, kart. ●

Einkochen, Einlegen, Einfrieren
(4055) Von B. Müller, 152 S., 27 s/w-Abb., kart. ●●

Haltbarmachen in der Öko-Küche
Gesunde Konservierungsmethoden für Obst, Gemüse, Kräuter und Pilze. (0932) Von M. Bustorf-Hirsch, 120 S., 56 Farbfotos, 36 Farbzeichnungen. kart. ●●

FALKEN-FEINSCHMECKER
Goldbraun und knusprig
Fritierte Leckerbissen
(0868) Von F. Faist, 64 S., 47 Farbfotos, Pappband. ●

Das neue Fritieren
geruchlos, schmackhaft und gesund. (0365) Von P. Kühne, 96 S., 8 Farbtafeln, kart. ●

FALKEN-FEINSCHMECKER
Die Krönung der feinen Küche
Saucen
(0817) Von G. Cavestri, 48 S., 40 Farbfotos, Pappband. ●

FALKEN-FEINSCHMECKER
Edler Kern in harter Schale
Meeresfrüchte
(0886) Von L. Grieser, 48 S., 52 Farbfotos, Pappband. ●

FALKEN-FEINSCHMECKER
Von Tatar und falschen Hasen
Hackfleisch
(0866) Von A. und G. Eckert, 64 S., 42 Farbfotos, Pappband. ●

Mehr Freude und Erfolg beim Grillen
(4141) Von A. Berliner, 160 S., 147 Farbfotos, 10 farbige Zeichnungen, Pappband. ●●●

Grillen für Geniesser
Fleisch · Fisch · Beilagen · Soßen. (5001) Von E. Fuhrmann, 64 S., 38 Farbfotos, Pappband. ●●

FALKEN-FEINSCHMECKER
Köstliches von Rost und Spieß
Grillen
(0931) Von A. Kalcher-Dähn, H. K. Kalcher, 64 S., 43 Farbfotos, Pappband. ●

Chinesisch kochen
mit dem Wok-Topf und dem Mongolen-Topf. (0557) Von C. Korn, 64 S., 8 Farbtafeln, kart. ●

FALKEN-FEINSCHMECKER
Verheißungsvoll fernöstlich
Spezialitäten aus dem Wok
(0933) Von H. K. Jen, 64 S., 56 Farbfotos, Pappband. ●

Schlemmerreise durch die
Chinesische Küche
(4184) Von K. H. Jen, 160 S., 117 Farbfotos, Pappband. ●●●

Nordische Küche
Speisen und Getränke von der Küste. (5082) Von J. Kürtz, 64 S., 44 Farbfotos, Pappband. ●●

Essen in Hessen
Spezialitäten zwischen Schwalm und Odenwald. (0837) Von R. Witt, 120 S., 10 s/w-Zeichnungen, Pappband. ●●

Schlemmerreise durch die
Französische Küche
(4296) Von H. Imhof, 160 S., 147 Farbfotos, 3 s/w-Fotos, Pappband. ●●●

Französisch kochen
Eine kulinarische Reise durch Frankreich. (5016) Von M. Gutta, 64 S., 35 Farbfotos, Pappband. ●

Französische Küche
(0685) Von M. Gutta, 96 S., 16 Farbtafeln, kart. ●

Französische Spezialitäten aus dem Backofen
Herzhafte Tartes und Quiches mit Fleisch, Fisch, Gemüse und Käse (5146) Von P. Klein, 64 S., 43 Farbfotos, Pappband. ●●

FALKEN-FEINSCHMECKER
Aus lauter Lust und Liebe
Knoblauch
(0867) Von L. Reinirkens, 64 S., 45 Farbfotos, Pappband. ●

Kochen und würzen mit Knoblauch
(0725) Von A. und G. Eckert, 96 S., 8 Farbtafeln, kart. ●

Schlemmerreise durch die
Italienische Küche
(4172) Von V. Pifferi. 160 S., 109 Farbfotos, Pappband. ●●●

Pizza, Pasta und die feine italienische Küche
(4270) Von R. Rudatis, 120 S., 255 Farbfotos, Pappband. ●●

Italienische Küche
Ein kulinarischer Streifzug mit regionalen Spezialitäten. (5026) Von M. Gutta, 64 S., 35 Farbfotos, Pappband. ●●

FALKEN-FEINSCHMECKER
Schlemmen wie bei Mamma Maria
Pizzas
(0815) Von F. Faist, 64 S., 62 Farbfotos, Pappband. ●

Köstliche Pilzgerichte
Tips und Rezepte für die häufigsten Pilzgattungen. (5133) Von V. Spicker-Noack, M. Knoop, 64 S., 52 Farbfotos, Pappband. ●●

Fondues
und fritierte Leckerbissen. (0471) Von S. Stein, 96 S., 8 Farbtafeln, kart. ●

Fondues · Raclettes · Flambiertes
(4081) Von R. Peiler und M.-L. Schult, 136 S., 15 Farbtafeln, 28 Zeichnungen, kart. ●●

Neue, raffinierte Rezepte mit dem Raclette-Grill
(0558) Von L. Helger, 56 S., 8 Farbtafeln, kart. ●

Rezepte rund um Raclette und Doppeldecker
(0420) Von J. W. Hochscheid, 72 S., 8 Farbtafeln, kart. ●

Die hier vorgestellten Bücher, Videokassetten und Software sind in folgende Preisgruppen unterteilt:

● Preisgruppe bis DM 10,–/S 79,–
●● Preisgruppe über DM 10,– bis DM 20,– S 80,– bis S 160,–
●●● Preisgruppe über DM 20,– bis DM 30,– S 161,– bis S 240,–
●●●● Preisgruppe über DM 30,– bis DM 50,– S 241,– bis S 400,–
●●●●● Preisgruppe über DM 50,–/S 401,– *(unverbindliche Preisempfehlung)

Die Preise entsprechen dem Status beim Druck dieses Verzeichnisses (s. Seite 1) – Änderungen, im besonderen der Preise, vorbehalten –

Fondues und Raclettes
(4253) Von F. Faist, 160 S., 125 Farbfotos, Pappband. ●●●

FALKEN-FEINSCHMECKER
Schmelzendes Käsevergnügen
Raclette
(0881) Von F. Faist, 48 S., 33 Farbfotos, Pappband. ●

Kulinarischer Feuerzauber
Flambieren
(4294) Von R. Wesseler, 120 S., 100 Farbfotos, Pappband. ●●●

Kochen und würzen mit
Paprika
(0792) Von A. und G. Eckert, 88 S., 8 Farbtafeln, kart. ●

Köstlichkeiten für Gäste und Feste
Kalte Platten
(4200) Von I. Pfliegner. 160 S., 130 Farbfotos, Pappband. ●●●

Kalte Happen und Partysnacks
Canapés, Sandwiches, Pastetchen, Salate und Suppen. (5029) Von D. Peters, 64 S., 44 Farbfotos, Pappband. ●●

Garnieren und Verzieren
(4236) Von R. Biller, 160 S., 329 Farbfotos, 57 Zeichnungen, Pappband. ●●●

Desserts
Puddings, Joghurts, Fruchtsalate, Eis, Gebäck, Getränke. (5020) Von M. Gutta, 64 S., 41 Farbfotos, Pappband. ●●

FALKEN-FEINSCHMECKER
Süße Verführungen
Desserts
(0885) Von M. Bacher, 64 S., 75 Farbfotos, Pappband. ●

FALKEN-FEINSCHMECKER
Süße Geheimnisse eiskalt gelüftet
Eis und Sorbets
(0870) Von H. W. Liebheit, 48 S., 38 Farbfotos, Pappband. ●

Crêpes, Omeletts und Soufflés
Pikante und süße Spezialitäten. (5131) Von J. Rosenkranz, 64 S., 45 Farbfotos, Pappband. ●●

Kuchen und Torten
Die besten und beliebtesten Rezepte. (5067) Von M. Sauerborn, 64 S., 79 Farbfotos, Pappband. ●●

Tortenträume und Kuchenfantasien
Gebackene Köstlichkeiten originell dekoriert und verziert. (0823) Von F. Faist, 80 S., 150 Farbfotos, kart. ●●

Backen mit Lust und Liebe
(4284) Von M. Schumacher, R. Krake, 242 S., 348 Farbfotos, 18 farb. Vignetten, 3 vierseitige Ausklapptafeln, Pappband. ●●●●

Backen, was allen schmeckt
Kuchen, Torten, Gebäck und Brot. (4166) Von E. Blome, 556 S., 40 Farbtafeln, Pappband. ●●●

Meine Vollkornbackstube
Brot · Kuchen · Aufläufe. (0616) Von R. Raffelt, 96 S., 4 Farbtafeln, 12 Zeichnungen, kart. ●

FALKEN-FEINSCHMECKER
Knusprig, kernig, urgesund
Vollkornbrot
(0938) Von S. Reiter, 64 S., 56 Farbfotos, Pappband. ●

FALKEN-FEINSCHMECKER
Mit Körnern, Zimt und Mandelkern
Vollkorngebäck
(0816) Von M. Bustorf-Hirsch, 48 S., 39 Farbfotos, Pappband. ●

Biologisch Backen
Neue Rezeptideen für Kuchen, Brote, Kleingebäck aus vollem Korn. (4174) Von M. Bustorf-Hirsch, 136 S., 15 Farbtafeln, 47 Zeichnungen, kart. ●●

Selbst Brotbacken
Über 50 erprobte Rezepte. (0370) Von J. Schiermann, 80 S., 6 Zeichnungen, 4 Farbtafeln, kart. ●

Mehr Freude und Erfolg beim
Brotbacken
(4148) Von A. und G. Eckert, 160 S., 177 Farbfotos, Pappband. ●●●

Brotspezialitäten
knusprig backen – herzhaft kochen. (5088) Von J. W. Hochscheid, L. Helger, 64 S., 48 Farbfotos, Pappband. ●●

Weihnachtsbäckerei
Köstliche Plätzchen, Stollen, Honigkuchen und Festtagstorten. (0682) Von M. Sauerborn, 32 S., 34 Farbfotos, Pappband. ●

Waffeln
süß und pikant. (0522) Von C. Stephan, 64 S., 8 Farbtafeln, kart. ●

Alles mit Joghurt
tagfrisch selbstgemacht. Mit vielen Rezepten. (0382) Von G. Volz, 88 S., 8 Farbtafeln, kart. ●

Joghurt, Quark, Käse und Butter
Schmackhaftes aus Milch hausgemacht. (0739) Von M. Bustorf-Hirsch. 32 S., 59 Farbabb., Pappband. ●●

FALKEN-FEINSCHMECKER
Raffiniert und gesund würzen
Kräuterküche
(0869) Von A. Görgens, 48 S.,43 Farbfotos, Pappband. ●

Miekes Kräuter- und Gewürzkochbuch
(0323) Von I. Persy, K. Mieke, 96 S., 8 Farbtafeln, kart. ●

Das köstliche knackige Schlemmervergnügen.
Salate
(4165) Von V. Müller. 160 S., 80 Farbfotos, Pappband. ●●●

FALKEN-FEINSCHMECKER
Frisch und leicht als Hauptgericht
Schlemmersalate
(0934) Von C. Adam, 64 S., 49 Farbfotos, Pappband. ●

111 köstliche Salate
Erprobte Rezepte mit Pfiff. (0222) Von C. Schönherr, 96 S., 8 Farbtafeln, 30 Zeichnungen, kart. ●

FALKEN-FEINSCHMECKER
Köstlich frisch auf den Tisch
Rohkostsalate
(0865) Von C. Adam, 48 S., 26 Farbfotos, Pappband. ●

Die abwechslungsreiche Vollwertküche
Vitaminreich und naturbelassen kochen und backen. (4229) Von M. Bustorf-Hirsch, K. Siegel, 280 S., 31 Farbtafeln, 78 Zeichnungen, Pappband. ●●●

Die feine Vollwertküche
(4286) Von M. Bustorf-Hirsch, 160 S., 83 Farbfotos, Pappband. ●●●

Meine Vollwertküche
Herzhaftes von echtem Schrot und Korn (0858) Von S. Walz, 128 S., 8 Farbtafeln, kart. ●

FALKEN-FEINSCHMECKER
Dinkel, Hirse, Roggenkorn...
Kerniges aus der Getreideküche
(0932) Von S. Frank, 64 S., 49 Farbfotos, Pappband. ●

FALKEN-FEINSCHMECKER
Die verlockende Alternative
Süße Vollwertküche
(0936) Von A. Roßmeier, 64 S., 50 Farbfotos, Pappband. ●

FALKEN-FEINSCHMECKER
Die gesunde Art, sich zu verwöhnen
Vollwertküche für Singles
(0937) Von A. Görgens, 64 S., 43 Farbfotos, Pappband. ●

Alternativ essen
Die gesunde Sojaküche.
(0553) Von U. Kolster, 112 S., 8 Farbtafeln, kart. ●

Kochen mit Tofu
Die gesunde Alternative. (0894) Von U. Kolster, 80 S., 8 Farbtafeln, kart. ●

Das Reformhaus-Kochbuch
Gesunde Ernährung mit hochwertigen Naturprodukten. (4180) Von A. und G. Eckert, 160 S. 15 Farbtafeln, Pappband. ●●

Gesund kochen mit Keimen und Sprossen
(0794) Von M. Bustorf-Hirsch, 104 S., 8 Farbtafeln, 13 s/w-Zeichnungen, kart. ●

Keime und Sprossen in der Naturküche
(4299) Von M. Bustorf-Hirsch, 96 S., 144 Farbfotos, Pappband. ●●

Die feine Vegetarische Küche
(4235) Von F. Faist, 160 S., 191 Farbfotos, Pappband. ●

Biologische Ernährung
für eine natürliche und gesunde Lebensweise. (4125) Von G. Leibold, 136 S., 15 Farbtafeln, 24 Zeichnungen, kart. ●●

Gesunde Ernährung für mein Kind
(0776) Von M. Bustorf-Hirsch, 96 S., 8 Farbtafeln, 5 s/w Zeichnungen, kart. ●

Vitaminreich und naturbelassen
Biologisch Kochen
(4162) Von M. Bustorf-Hirsch, K. Siegel, 144 S., 15 Farbtafeln, 31 Zeichnungen, kart. ●●

Gesund kochen
wasserarm · fettfrei · aromatisch. (4060) Von M. Gutta, 240 S., 16 Farbtafeln, Pappband. ●●●

Naturküche à la carte
(4406) Von M. Wissing, M. Kirsch, 160 S., 179 Farbfotos, Pappband. ●●●●

Würzig kochen ohne Salz
(0922) Von S. Roediger-Streubel, 160 S., 16 Farbtafeln, kart. ●●

Natursammlers Kuchbuch
Wildfrüchte und Gemüse, Pilze, Kräuter – finden und zubereiten. (4040) Von C. M. Kerler, 140 S., 12 Farbtafeln, kart. ●●

Kräuter- und Heilpflanzen-Kochbuch
für eine gesunde Lebensweise. (4066) Von P. Pervenche, 143 S., 15 Farbtafeln. kart.

●●**Pralinen und Konfekt**
Kleine Köstlichkeiten selbstgemacht. (0731) Von H. Engelke, 32 S., 57 Farbfotos, Pappband. ●

FALKEN-FEINSCHMECKER
Zart schmelzende Versuchungen
Schokolade
(0819) Von J. Schroer, 48 S., 53 Farbfotos, Pappband. ●

Das richtige Frühstück
Gesunde Vollwertkost vitaminreich und
naturbelassen. (0784) Von C. Kratzel, R. Böll,
32 S., 28 Farbfotos, Pappband. ●

Bocuse à la carte
Französisch kochen mit dem Meister.
(4237) Von P. Bocuse, 88 S., 218 Farbfotos,
Pappband. ●●

Kochschule mit Paul Bocuse
(6016) VHS, 60 Min. in Farbe. ●●●●●*

Der schön gedeckte Tisch
Vom einfachen Gedeck bis zur Festtafel stim-
mungsvoll und perfekt arrangiert.
(4246) Von H. Tapper, 112 S., 206 Farbabbildungen, 21 s/w-Abbildungen, Pappband.
●●●

Servietten dekorativ falten
Geschmackvolle Anregungen aus Stoff und
Papier. (0804) Von H. Tapper, 3T S., 134 Farb-
fotos, Pappband. ●

Cocktails
(4267) Von W. R. Hoffmann, W. Hubert,
U. Lottring, 160 S., 164 Farbfotos, 1 s/w-Foto,
Pappband. ●●

Neue Cocktails und Drinks
mit und ohne Alkohol. (0517) Von S. Späth,
128 S., 4 Farbtafeln, kart. ●

Mixgetränke
mit und ohne Alkohol (5017) Von C. Arius,
64 S., 35 Farbfotos, Pappband. ●●

FALKEN-FEINSCHMECKER
Fruchtig, spritzig, eisgekühlt
Mixen ohne Alkohol
(0935) Von S. Späth, 64 S., 44 Farbfotos,
Pappband. ●

Cocktails und Mixereien
für häusliche Feste und Feiern. (0075) Von
J. Walker, 96 S., 4 Farbtafeln, kart. ●

Die besten Punsche, Grogs und Bowlen
(0575) Von F. Dingden, 64 S., 4 Farbtafeln,
kart. ●

Weine und Säfte, Liköre und Sekt
selbstgemacht. (0702) Von P. Arauner,
232 S., 76 Abb., kart. ●●

Mitbringsel aus meiner Küche
selbst gemacht und liebevoll verpackt.
(0668) Von C. Schönherr, 32 S., 30 Farbfotos,
Pappband. ●

Weinlexikon
Wissenswertes über die Weine der Welt.
(4149) Von U. Keller, 228 S., 6 Farbtafeln,
395 s/w-Fotos, Pappband. ●●●

Heißgeliebter Tee
Sorten, Rezepte und Geschichten. (4114) Von
C. Maronde, 153 S., 16 Farbtafeln, 93 Zeich-
nungen, Pappband. ●●●

Tee für Genießer.
Sorten · Riten · Rezepte. (0356) Von M. Nicolin, 64 S., 4 Farbtafeln, kart. ●

Tee
Herkunft · Mischungen · Rezepte. (0515) Von
S. Ruske, 96 S., 4 Farbtafeln, 16 s/w-Abbil-
dungen, Pappband. ●●

Kinder lernen spielend backen
(5110) Von M. Gutta, 64 S., 45 Farbfotos,
Pappband. ●●

Kinder lernen spielend kochen
Lieblingsgerichte mit viel Spaß selbst zubereitet. (5096) Von M. Gutta, 64 S., 45 Farbfotos, Pappband. ●●

Komm, koch mit mir
Kunterbuntes Kochvergnügen für Kinder.
(4285) Von S. und H. Theilig, Illustrationen
von B. v. Hayek, 96 S., 48 Farbfotos,
350 Farb- und 1 s/w-Zeichnung, Pappband.
●●

Schlank werden nach Dr. Hay
Trennkost
Die bewährten Vollwert-Rezepte von Ursula
Summ. (4298) Von U. Summ, 96 S., 54 Farb-
tafeln, 1 Zeichnung, kart. ●●

Gesund leben – schlank werden mit der
Bio-Kur
(0657) Von S. Winter. 144 S., 4 Farbtafeln,
kart. ●

SLIM
Der neue, individuelle Schlankheitsplan
(4277) Von Prof. Dr. E. Menden, W. Aign.
120 S., 440 Farbfotos, Pappband. ●

Kalorien – Joule
Eiweiß · Fett · Kohlenhydrate tabellarisch
nach gebräuchlichen Mengen. (0374) Von
M. Bormio, 88 S., kart. ●

Vitamine und Ballaststoffe
So ermittle ich meinen täglichen Bedarf
(0746) Von Prof. Dr. M. Wagner, I. Bongartz.
96 S., 6 Farbabb., zahlreiche Tabellen, kart. ●

Hobby und Freizeit

Aquarellmalerei
als Kunst und Hobby. (4147) Von H. Haack,
B. Wersche, 136 S., 62 Farbfotos, 119 Zeichnungen, Pappband. ●●●●

Aquarellmalerei
Materialien · Techniken · Motive.
(5099) Von T. Hinz, 64 S., 79 Farbfotos,
Pappband. ●

Hobby Aquarellmalen
Landschaft und Stilleben. (0876) Von
I. Schade, A. Brück, 80 S., 111 Farbabbildun-
gen, kart. ●●

Videokassette
Hobby Aquarellmalen
Landschaft und Stilleben (6022) VHS,
ca. 40 Min., in Farbe, ●●●●*

Aquarellmalerei leicht gelernt
Materialien · Techniken · Motive.
(0787) Von T. Hinz, R. Braun, B. Zeidler,
32 S., 38 Farbfotos, 1 Zeichnung, Pappband. ●

Aquarellieren auf Seide
Materialien · Techniken · Motive.
(0917) Von I. Demharter, 32 S., 41 Farbfotos,
Pappband. ●

Hobby Ölmalerei
Landschaft und Stilleben. (0875) Von
H. Kämper, I. Becker, 80 S., 93 Farbabb., kart.
●●

Videokassette
Hobby Ölmalerei
Landschaft und Stilleben (6025) VHS,
ca. 40 Min., in Farbe, ●●●●*

Falken-Handbuch
Zeichnen und Malen
(4167) Von B. Bagnall, 336 S., 1154 Farbabb.,
Pappband. ●●

Das große farbige PLAKA-Buch
Malen und Basteln
(4402) Von H.-J. Giesecke, 192 S., 225 Farbfotos, 20 Farb- und 4 s/w- Zeichnungen,
Pappband. ●●

Das große farbige
Bastelbuch für Kinder
(4254) Von U. Barff, I. Burkhardt, J. Maier.
224 S., 157 Farbfotos, 430 Farb- und 69 s/w-
Zeichnungen, Pappband. ●●●

Punkt, Punkt, Komma, Strich
Zeichenstunden für Kinder. (0564) Von
H. Witzig, 144 S., über 250 Zeichnungen,
kart. ●

Einmal grad und einmal krumm
Zeichenstunden für Kinder. (0599) Von
H. Witzig, 144 S., 363 Abb. kart. ●

Naive Malerei
Materialien · Motive · Techniken. (5083) Von
F. Krettek, 64 S., 76 Farbfotos, Pappband.
●●

Bauernmalerei
als Kunst und Hobby. (4057) Von A. Gast,
H. Stegmüller, 128 S., 239 Farbfotos, 26 Riß-
Zeichnungen, Pappband. ●●●●

Hobby Bauernmalerei
(0436) Von S. Ramos und J. Roszak, 80 S.,
116 Farbfotos und 28 Motivvorlagen, kart. ●

Bauernmalerei
Kreatives Hobby nach alter Volkskunst
(5039) Von S. Ramos, 64 S., 85 Farbfotos,
Pappband. ●●

Glasmalerei
als Kunst und Hobby. (4088) Von F. Krettek
und S. Beeh-Lustenberger, 132 S., 182 Farbfotos, 38 Motivvorlagen, Pappband. ●●

Naive Hinterglasmalerei
Materialien · Techniken · Bildvorlagen
(5145) Von F. Krettek, 64 S., 87 Farbfotos,
6 Zeichnungen, Pappband. ●●

Kalligraphie
Die Kunst des schönen Schreibens
(4263) Von C. Hartmann, 120 S., 44 Farbvor-
lagen, 29 s/w-Vorlagen, 2 s/w-Zeichnungen,
38 Farbfotos, Pappband. ●●

Seidenmalerei als Kunst und Hobby
(4264) Von S. Hahn, 136 S., 256 Farbfotos,
1 s/w-Foto, 34 Farbzeichnungen, Pappband.
●●●●

Kunstvolle Seidenmalerei
Mit zauberhaften Ideen zum Nachgestalten.
(0783) Von I. Demharter, 32 S., 56 Farbfotos,
Pappband. ●

Zauberhafte Seidenmalerei
Materialien · Techniken · Gestaltungsvorschläge. (0664) Von E. Dorn, 32 S.,
62 Farbfotos, Pappband. ●

Neue zauberhafte Seidenmalerei
Motive und Anregungen aus der Natur.
(0924) Von R. Henge, 80 S., 148 Farbfotos,
27 s/w-Zeichnungen, kart. ●●

Hobby Seidenmalerei
(0611) Von R. Henge, 88 S., 106 Farbfotos,
28 Zeichnungen, kart. ●●

Hobby Stoffdruck und Stoffmalerei
(0555) Von A. Ursin, 80 S., 68 Farbfotos,
68 Zeichnungen, kart. ●●

Stoffmalerei und Stoffdruck
Materialien · Techniken · Ideen · Modelle
(5074) Von H. Gehring, 64 S., 110 Farbfotos,
Pappband. ●●

Batik
leicht gemacht. Materialien ·Färbetechniken ·
Gestaltungsideen. (5112) Von A. Gast, 64 S.,
105 Farbfotos, Pappband. ●●

Die hier vorgestellten Bücher, Videokassetten und Software sind in folgende Preisgruppen unterteilt:

● Preisgruppe bis DM 10,–/S 79,–
●● Preisgruppe über DM 10,– bis DM 20,–
   S 80,– bis S 160,–
●●● Preisgruppe über DM 20,– bis DM 30,–
   S 161,– bis S 240,–
●●●● Preisgruppe über DM 30,– bis DM 50,–
   S 241,– bis S 400,–
●●●●● Preisgruppe über DM 50,–/S 401,–
*(unverbindliche Preisempfehlung)

Die Preise entsprechen dem Status beim Druck dieses Verzeichnisses (s. Seite 1) – Änderungen, im besonderen der Preise, vorbehalten –

Kreatives Bilderweben
Materialien – Vorlagen – Motive
(0814) Von A. Schulte-Huxel, 32 S., 58 Farbfotos, 8 Zeichnungen, Pappband. ●

Hobby Applikationen
Materialien · Techniken · Modelle.
(0899) Von H. Probst-Reinhardt, 80 S., 92 Farbfotos, 31 Zeichnungen, kart. ●●

Flechten
mit Bast, Stroh und Peddigrohr. (5098) Von H. Hangleiter, 64 S., 47 Farbfotos, 76 Zeichnungen, Pappband. ●●

Falken-Handbuch
Nähen
Abc der Nähtechniken und kreative Modellschneiderei in ausführlichen Schritt-für-Schritt-Bildfolgen. (4272) Von A. Bree, 320 S., 1142 Abbildungen, Schnittmusterbogen für alle Modelle, Pappband. ●●●●

Falken-Handbuch
Häkeln
ABC der Häkeltechniken und Häkelmuster in ausführlichen Schritt-für-Schritt-Bildfolgen. (4194) Von H. Fuchs, M. Natter, 288 S., 597 Farbfotos, 476 farbige Zeichnungen. Pappband. ●●●●

Häkeln
Schritt für Schritt für Rechts- und Linkshänder. (5134) Von H. Klaus, 64 S., 120 Farbfotos, 144 Zeichnungen, Pappband. ●●

Monogrammstickerei
Mit Vorlagen für Initialen, Vignetten und Ornamente. (5148) Von H. Fuchs, 64 S., 50 Farbfotos, 50 Zeichnungen, Pappband. ●●

Falken-Handbuch
Stricken
ABC der Stricktechniken und Strickmuster in ausführlichen Schritt-für-Schritt-Bildfolgen. (4137) Von M. Natter, 312 S., 106 Farb- und 922 s/w-Fotos, 318 Zeichnungen, Pappband. ●●●●

Das moderne Standardwerk von der Expertin
Perfekt Stricken
Mit Sonderteil Häkeln. (4250) Von H. Jaacks, 256 S., 703 Farbfotos, 169 Farb- und 121 s/w-Zeichnungen, Pappband. ●●●

Videokassette Stricken
(6007) VHS. Von P. Krolikowski-Habicht, H. Jaacks, 51 Min., in Farbe. ●●●●*

Stricken
Schritt für Schritt für Rechts- und Linkshänder. (5142) Von S. Oelwein-Schefczik, 64 S., 148 Farbfotos, 173 Zeichnungen, Pappband. ●●

Die schönsten Handarbeiten zum Verschenken
(4225) Von B. Wenzelburger, 128 S., 156 Farbfotos, 70 zweifarbige Zeichnungen, Pappband. ●●●●

Kuscheltiere stricken und häkeln
Arbeitsanleitungen und Modelle. (0734) Von B. Wehrle, 32 S., 60 Farbfotos, 28 Zeichnungen, Spiralbindung. ●

Hobby Patchwork und Quilten
(0768) Von B. Staub-Wachsmuth, 80 S., 108 Farbabb., 43 Zeichnungen, kart. ●●

Hobby Spitzencollagen
Bezaubernde Motive aus edlem Material. (0847) Von H. Westphal, 80 S., 186 Farbfotos, kart. ●●

Textiles Gestalten
Weben, Knüpfen, Batiken, Sticken, Objekte und Strukturen. (5123) Von J. Fricke, 136 S., 67 Farb- und 189 s/w-Fotos, 15 Zeichnungen, kart. ●●

Gestalten mit Glasperlen
fädeln · sticken · weben (0640) Von A. Köhler, 32 S., 55 Farbfotos, Spiralbindung. ●

Schmuck, Accessoires und Dekoratives
aus Fimo modelliert. (0873) Von A. Aurich, 32 S., 54 Farbfotos, Pappband. ●

Exklusiver Modeschmuck
aus dem eigenen Atelier
(0925) Von J. Niemeier, J. Klein, 80 S., 141 Farbfotos, 25 Zeichnungen, kart. ●●

Neue zauberhafte Salzteig-Ideen
(0719) Von I. Kiskalt, 80 S., 324 Farbfotos, 12 Zeichnungen, kart. ●●

Hobby Salzteig
(0662) Von I. Kiskalt, 80 S., 150 Farbfotos, 5 Zeichnungen, Schablonen, kart. ●●

Gestalten mit Salzteig
formen · bemalen · lackieren. (0613) Von W.-U. Cropp, 32 S., 56 Farbfotos, 17 Zeichnungen, Pappband. ●

Originell und dekorativ
Salzteig mit Naturmaterialien
(0833) Von A. und H. Wegener, 80 S., 166 Farbfotos, kart. ●●

Buntbemalte Kunstwerke aus Salzteig
Figuren, Landschaften und Wandbilder. (5141) Von G. Belli, 64 S., 165 Farbfotos, 1 Zeichnung, Pappband. ●●

Kreatives Gestalten mit Salzteig
Originelle Motive für Fortgeschrittene. (0769) Hrsg. I. Kiskalt, 80 S., 168 Farbfotos, kart. ●●

Videokassette Salzteig
(6010) VHS. Von I. Kiskalt, Dr. A. Teuchert, in Farbe, ca. 35 Min. ●●●●●*

Tiffany-Spiegel selbermachen
Materialien · Arbeitsanleitung · Vorlagen. (0761) Von R. Thomas, 32 S., 53 Farbfotos, Pappband. ●

Tiffany-Schmuck selbermachen
Materialien · Arbeitsanleitungen · Modelle. (0871) Von B. Poludniak, H. W. Scheib, 32 S., 54 Farbfotos, 3 Zeichnungen, Pappband. ●

Tiffany-Lampen selbermachen
Arbeitsanleitung · Materialien · Modelle. (0684) Von I. Spliethoff, 32 S., 60 Farbfotos, Pappband. ●

Hobby Glaskunst in Tiffany-Technik
(0781) Von N. Köppel, 80 S., 194 Farbfotos, 6 s/w-Abb., kart. ●●

Altes Brauchtum neu endeckt
Schmuck-Eier
Kunstvoll gestalten und verzieren. (0919) Von I. Kiskalt, 32 S., 45 Farbfotos, 3 s/w-Zeichnungen, Pappband. ●

Origami –
Die Kunst des Papierfaltens. (0280) Von R. Harbin, 160 S., 633 Zeichnungen, kart. ●

Hobby Origami
Papierfalten für groß und klein.
(0756) Von Z. Aytüre-Scheele, 88 S., über 800 Farbfotos, kart. ●

Neue zauberhafte Origami-Ideen
Papierfalten für groß und klein.
(0805) Von Z. Aytüre-Scheele, 80 S., 720 Farbfotos, kart. ●

Weihnachtsbasteleien
(0667) Von M. Kühnle und S. Beck, 32 S., 56 Farbfotos, 6 Zeichnungen, Pappband. ●

Alle Jahre wieder…
Avent und Weihnachten
Basteln – Backen – Schmücken – Singen – Vorlesen – Feiern.
(4260) Von H. und Y. Nadolny, 256 S., 105 Farbfotos, 130 Zeichnungen, Pappband. ●●●

Bastelspaß mit der Laubsäge
Mit Schnittmusterbogen für viele Modelle in Originalgröße. (0741) Von L. Giesche, M. Bausch, 32 S., 61 Farbfotos, 7 Zeichnungen, Schnittmusterbogen, Pappband. ●

Strohschmuck selbstgebastelt
Sterne, Figuren und andere Dekorationen (0740) Von E. Rombach, 32 S., 60 Farbfotos, 17 Zeichnungen, Pappband. ●

Das Herbarium
Pflanzen sammeln, bestimmen und pressen. (5113) Von I. Gabriel, 96 S., 140 Farbfotos, Pappband. ●

Gestalten mit Naturmaterialien
Zweige, Kerne, Federn, Muscheln und anderes. (5128) Von I. Krohn, 64 S., 101 Farbfotos, 11 farbige Zeichnungen, Pappband. ●

Blütenbilder aus Blumen und Blättern
Phantasievolle Naturcollagen.
(0872) Von G. Schamp, 32 S., 57 Farbfotos, 1 Zeichnung, Pappband. ●

Dauergestecke
mit Zweigen, Trocken- und Schnittblumen. (5121) Von G. Vocke, 64 S., 57 Farbfotos, Pappband. ●●

Ikebana
Einführung in die japanische Kunst des Blumensteckens. (0548) Von G. Vocke, 152 S., 47 Farbfotos, kart. ●●

Hobby Trockenblumen
Gewürzsträuße, Gestecke, Kränze, Buketts. (0643) Von R. Strobel-Schulze, 88 S., 170 Farbfotos, kart. ●

Hobby Gewürzsträuße
und zauberhafte Gebinde nach Salzburger Art. (0726) Von A. Ott, 80 S., 101 Farbfotos, 51 farbige Zeichnungen, kart. ●●

Trockenblumen und Gewürzsträuße
(5084) Von G. Vocke, 64 S., 63 Farbfotos, Pappband. ●●

Töpfern
als Kunst und Hobby. (4073) Von J. Fricke, 132 S., 37 Farbfotos, 222 s/w-Fotos, Pappband. ●●●●

Kreatives Gestalten mit Ton
Töpfern ohne Scheibe – Aufbaukeramik
(0896) Von A. Riedinger, 80 S., 207 Farbfotos, 16 Zeichnungen, 2 Vignetten, kart. ●●

Schöne Sachen modellieren
Originelles aus Cernit – ideenreich gestaltet. (0762) Von G. Thelen, 32 S., 105 Farbfotos, Pappband. ●

Porzellanpuppen
Zauberhafte alte Puppen selbst nachbilden. (5138) Von C. A. und D. Stanton, 64 S., 58 Farbfotos, 22 Zeichnungen, Pappband. ●●

Zauberhafte alte Puppen
Sammeln · Restaurieren · Nachbilden
(4255) Von C. A. Stanton, J. Jacobs, 120 S., 157 Farbfotos, 24 Zeichnungen, Pappband. ●●●●

Stoffpuppen
Liebenswerte Modelle selbermachen. (5150) Von I. Wolff, 56 S., 115 Farbfotos, 15 Zeichnungen, mit Schnittmusterbogen, Pappband. ●●

Hobby Puppen
Bezaubernde Modelle selbst gestalten. (0742) Von B. Wenzelburger, 88 S., 163 Farbfotos, 41 Zeichnungen, 11 Schnittmuster, kart. ●●

Selbstgestrickte Puppen
Materialien und Arbeitsanleitungen. (0638) Von B. Wehrle, 32 S., 21 Farbfotos, 24 Zeichnungen, Pappband. ●

Dekorative Rupfenpuppen
Arbeitsanleitungen und Gestaltungsvorschläge. (0733) Von B. Wenzelburger, 32 S., 57 Farbfotos, 14 Zeichnungen, Spiralbindung. ●

Phantasiepuppen stricken und häkeln
Märchenhafte Modelle mit Arbeitsanleitungen. (0813) Von B. Wehrle, 32 S., 26 Farbfotos, 30 einfarbige und 16 dreifarbige Zeichnungen, Pappband. ●

Heißgeliebte Teddybären
Selbermachen · Sammeln · Restaurieren. (0900) Von H. Nadolny, Y. Thalheim, 80 S., 119 Farbfotos, 23 s/w-Fotos, 14 S. Schnittmusterbogen, kart. ●●

Schritt für Schritt zum Scherenschnitt
Materialien · Techniken · Gestaltungsvorschläge. (0732) Von H. Klingmüller, 32 S., 38 Farbfotos, 34 Vorlagen, Pappband. ●

Hobby Drachen
bauen und steigen lassen. (0767) Von W. Schimmelpfennig, 80 S., 1 dreiseitige Ausklapptafel, 55 Farbfotos, 139 Zeichnungen, kart. ●●

Ferngelenkte Motorflugmodelle
bauen und fliegen. (0400) Von W. Thies, 184 S., mit Zeichnungen und Detailplänen, kart. ●●

Flugmodelle
bauen und einfliegen. (0361) Von W. Thies und R. Wolf, 160 S., 63 Abb., 7 Faltpläne, kart. ●●

Kleine Welt am Rädern
Das faszinierende Spiel mit Modelleisenbahnen (4175) Von F. Eisen, 256 S., 72 Farb- und 180 s/w-Fotos, 25 Zeichnungen, Pappband. ●●●

Anlagenbau in Modultechnik
für Modelleisenbahnen und Dioramen. (0845) Von J. Thal, 104 S., 68 Farbfotos, 28 Zeichnungen, kart. ●●

Videokassette
Die Modelleisenbahn
Anlagenbau in Modultechnik. Neue kreative Gestaltung. Neue raffinierte Techniken. (6028) VHS, von J. Grahn, 30 Min., in Farbe. ●●●●

Schiffsmodelle
selber bauen. (0500) Von D. und R. Lochner, 200 S., 93 Zeichnungen, 2 Faltpläne, kart. ●●

Ferngelenkte Segelflugmodelle
bauen und fliegen. (0446) Von W. Thies, 176 S., 22 s/w-Fotos, 115 Zeichnungen, kart. ●●

Garagentore selbst bemalt
Techniken und Motive. (0786) Von H. und Y. Nadolny, 32 S., 24 Farbfotos, 12 s/w-Zeichnungen, Pappband. ●

Falken Handbuch
Heimwerken
Reparieren und Selbermachen im Haus und Wohnung - über 1100 Farbfotos. Praktische Tips vom Profi: Selbermachen, Reparieren, Renovieren, Kostensparen. (4117) Von Th. Pochert, 440 S., 1103 Farbfotos, 100 ein- und zweifarbige Abb., Pappband. ●●●●

Falken-Heimwerker-Praxis
Tapezieren
(0743) Von W. Nitschke, 112 S., 186 Farbfotos, 9 Zeichnungen, kart. ●●

Falken-Heimwerker-Praxis
Anstreichen und Lackieren
(0771) Von P. Müller, 120 S., 186 Farbfotos, 2 s/w-Fotos, 3 Zeichnungen, kart. ●●

Falken-Heimwerker-Praxis
Fahrrad-Reparaturen
(0796) Von R. van der Plas, 112 S., 140 Farbfotos, 113 farbige Zeichnungen, kart. ●●

Falken-Heimwerker-Praxis
Kleinmöbel aus Holz
(0905) Von O. Maier, 128 S., 210 Farbfotos, 80 Zeichnungen, kart. ●●

Restaurieren von Möbeln
Stilkunde, Materialien, Techniken, Arbeitsanleitungen in Bildfolgen. (4120) Von E. Schnaus-Lorey, 152 S., 37 Farbfotos, 75 s/w-Fotos, 352 Zeichnungen, Pappband. ●●●●

Möbel aufarbeiten, reparieren und pflegen
(0386) Von E. Schnaus-Lorey, 96 S., 28 Fotos, 101 Zeichnungen, kart. ●

Feuerzeichen behaglicher Wohnkultur
Kachelöfen, Kamine und Kaminöfen
(4288) Hrsg. von C. Berninghaus. Von R. Heinen, G. Kosicek, H. P. Sabborrosch, 168 S., 291 Farbfotos, 2 s/w-Fotos, 8 Zeichnungen, Pappband. ●●●●●

Moderne Fotopraxis
(4401) Von G. Koshofer, Prof. H. Wedewardt, 224 S., 363 Farbfotos, 106 s/w-Fotos, 5 Farb- und 24 s/w-Zeichnungen, Pappband. ●●●

Aktfotografie
Interpretationen zu einem unerschöpflichen Thema. Gestaltung · Technik · Spezialeffekte. (0737) Von H. Wedewardt, 88 S., 144 Farb- und 6 s/w-Fotos, 6 Zeichnungen, kart. ●●

Videokassette
Aktfotografie
(6001) VHS, Laufzeit ca. 60 Min. in Farbe. ●●●●●*

So macht man bessere Fotos
Das meistverkaufte Fotobuch der Welt. (0614) Von M. L. Taylor, 192 S., 457 Farbfotos, 15 Abb., kart. ●●

Schmalfilmen
Ausrüstung · Aufnahmepraxis · Schnitt · Ton. (0342) Von U. Ney, 108 S., 4 Farbtafeln, 25 s/w-Fotos, kart. ●

Schmalfilme selbst vertonen
(0593) Von U. Ney, 96 S., 57 s/w-Fotos, 14 Zeichnungen, kart. ●

Videokassette
Videografieren
Filmen mit Video 8. Technik – Bildgestaltung – Schnitt – Vertonung. (0843) Von M. Wild, K. Möller, 120 S., 101 Farbfotos, 22 s/w-Fotos, 52 Zeichnungen, kart. ●●

Videokassette
Videografieren
Filmen mit Video 8. Technik – Bildgestaltung – Schnitt – Vertonung. (6031) VHS, (6033) Beta, (6034) Sony 8 mm, M. Wild, 60 Min., in Farbe. ●●●●●*

Mit vollem Genuß
Pfeife rauchen
Alles über Tabaksorten, Pfeifen und Zubehör. (4227) Von H. Behrens, H. Frickert, 168 S., 127 Farbfotos, 18 Zeichnungen, Pappband. ●●●●

Die Fazination der Philatelie
Briefmarken sammeln
(4273) Von D. Stein, 212 S., 124 s/w-Fotos, 24 Farbtafeln, Pappband. ●●●

Briefmarken
sammeln für Anfänger. (0481) Von D. Stein. 120 S., 4 Farbtafeln, 98 s/w-Abb., kart. ●

Münzen
Ein Brevier für Sammler. (0353) Von E. Dehnke, 128 S., 4 Farbtafeln, 17 s/w-Abb., kart. ●●

Astronomie als Hobby
Sternbilder und Planeten erkennen und benennen. (0572) Von D. Block, 176 S., 16 Farbtafeln, 49 s/w-Fotos, 93 Zeichnungen, kart. ●●

Astronomie im Bild
Unser Sternenhimmel rund ums Jahr
(0849) Von Dr. E. Übelacker, 88 S., 48 Farbfotos, 1 s/w-Foto, 68 Farbzeichnungen, kart. ●●

Freizeit mit dem Mikroskop
(0291) Von M. Deckart, 132 S., 8 Farbtafeln, 64 s/w-Abb., 2 Zeichnungen, kart. ●

Gitarre spielen
Ein Grundkurs für den Selbstunterricht. (0534) Von A. Roßmann, 96 S., 1 Schallfolie, 150 Zeichnungen, kart. ●

Komm mit ins Land der Lieder
Das große Buch der Kinder-, Volks- und Chorlieder. (4261) Hrsg. von H. Rauhe, 176 S., 146 Farbzeichnungen, Pappband. ●●●

Die schönsten Wander- und Fahrtenlieder
(0462) Hrsg. von F. R. Miller, empfohlen vom Deutschen Sängerbund, 80 S., mit Noten und Zeichnungen, kart. ●

Die schönsten Volkslieder
(0432) Hrsg. von D. Walther, 128 S., mit Noten und Zeichnungen, kart. ●

Technik

Dampflokomotiven
(4204) Von W. Jopp, 96 S., 134 Farbfotos, Pappband. ●●●

Die Super-Eisenbahnen der Welt
(4287) Von W. Kosak, H. G. Isenberg, 224 S., 269 Farbfotos, 79 s/w-Fotos, 8 Vignetten, 5 farb. Ausklapptafeln, Pappband. ●●●●

Zivilflugzeuge
Vom Kleinflugzeug zum Überschall-Jet (4218) Von R. J. Höhn, H. G. Isenberg, 96 S., 115 Farbfotos, Pappband. ●●●

Trucks
Giganten der Landstraßen in aller Welt. (4222) Von H. G. Isenberg, 96 S., 131 Farbfotos, Pappband. ●●●

Die Super-Trucks der Welt
(4257) Von H. G. Isenberg, 194 S., 205 Farbfotos, 87 s/w-Fotos, 7 Farbzeichnungen, 4 Ausklapptafeln, Pappband. ●●●●

Die Super-Motorräder der Welt
(4193) Von H. G. Isenberg, 192 S., 170 Farb-
und 100 s/w-Fotos, 8 Zeichnungen, Pappband. ●●●

Motorrad-Hits
Chopper, Tribikes, Heiße Öfen. (4221) Von
H. G. Isenberg, 96 S., 119 Farbfotos, Papp-
band. ●●●

Motorrad-Faszination
Heiße Öfen, von denen jeder träumt.
(4223) Von H. G. Isenberg, 96 S., 103 Farb-
und 20 s/w-Fotos, Pappband. ●●●

Sport und Fitneß

ZDF Sportjahr '87
Rekorde, Siege, Schicksale, Ergebnisse,
Termine '88
(4290) Hrsg. von B. Heller, 192 S., 275 Farb-
und 4 s/w-Fotos, kart. ●●

Neue Lehrmethoden der Judo-Praxis
(4424) Von P. Herrmann, 223 S., 475 Abb.,
kart. ●●

Judo
Grundlagen – Methodik. (0305) Von
M. Ohgo, 208 S., 1025 Fotos, kart. ●●

Fußwürfe
für Judo, Karate und Selbstverteidigung.
(0439) Von H. Nishioka, 96 S., 260 Abb.,
kart. ●

Modernes Karate
Das große Standardwerk mit 2229 Abbildungen. (4280) Von T. Okazaki, Dr. med.
M. V. Stricevic, übers. von M. Pabst, 376 S.,
2279 Abbildungen, Pappband. ●●●●●

Karate für alle
Karate-Selbstverteidigung in Bildern. (0314)
Von A. Pflüger, 112 S., 356 s/w-Fotos, kart. ●●

Nakayamas Karate perfekt 1
Einführung. (0487) Von M. Nakayama,
136 S., 605 s/w-Fotos, kart. ●●

Nakayamas Karate perfekt 2
Grundtechniken. (0512) Von M. Nakayama,
136 S., 354 s/w-Fotos, 53 Zeichnungen, kart.
●●

Nakayamas Karate perfekt 3
Kumite 1: Kampfübungen. (0538) Von
M. Nakayama, 128 S., 424 s/w-Fotos, kart.
●●

Nakayamas Karate perfekt 4
Kumite 2: Kampfübungen. (0547) Von
M. Nakayama, 128 S., 394 s/w-Fotos, kart.
●●

Nakayamas Karate perfekt 5
Kata 1: Heian, Tekki. (0571) Von M. Nakayama, 144 S., 1229 s/w-Fotos, kart. ●●

Nakayamas Karate perfekt 6
Kata 2: Bassai-Dai, Kanku-Dai, (0600) Von
M. Nakayama, 144 S., 1300 s/w-Fotos,
107 Zeichnungen, kart. ●●

Nakayamas Karate perfekt 7
Kata 3: Jitte, Hangetsu, Empi. (0618) Von
M. Nakayama, 144 S., 1988 s/w-Fotos,
105 Zeichnungen, kart. ●●

Nakayamas Karate perfekt 8
Gankaku, Jion. (0650) Von M. Nakayama,
144 S., 1174 s/w-Fotos, 99 Zeichnungen, kart.
●●

Kontakt-Karate
Ausrüstung · Technik · Training. (0396) Von
A. Pflüger, 112 S., 238 s/w-Fotos, kart. ●●

Karate-Do
Das Handbuch des modernen Karate. (4028)
Von A. Pflüger, 360 S., 1159 Abb., Pappband.
●●●●

Bo-Karate
Kukishin-Ryu – die Techniken des Stock-
kampfes. (0447) Von G. Stiebler, 176 S.,
424 s/w-Fotos, 38 Zeichnungen, kart. ●●

Karate 1
Einführung · Grundtechniken. (0227) Von
A. Pflüger, 148 S., 195 s/w-Fotos, 120 Zeich-
nungen, kart. ●

Karate 2
Kombinationstechniken · Katas. (0239) Von
A. Pflüger, 176 S., 452 s/w-Fotos und Zeich-
nungen, kart. ●

Karate Kata 1
Heian 1-5, Tekki 1, Bassai Dai. (0683) Von
W.-D. Wichmann, 164 S., 703 s/w-Fotos,
kart. ●●

Karate Kata 2
Jion, Empi, Kanku-Dai, Hangetsu. (0723) Von
W.-D. Wichmann, 140 S., 661 s/ w-Fotos,
4 Zeichnungen, kart. ●●

25 Shotokan-Katas
Auf einen Blick: Karate-Katas für Prüfungen
und Wettkämpfe. (0859) Von A. Pflüger,
88 S., 185 s/w-Abbildungen, 26 ganzseitige
Tafeln mit über 1.600 Einzelschritten, kart.
●●

Videokassette
Karate
Einführung und Grundtechniken.
(6037) VHS, Von A. Pflüger, ca. 45 Min.,
in Farbe, ●●●●●*

Ninja 1
Die Lehre der Schattenkämpfer. (0758) Von
S. K. Hayes, 144 S., 137 s/w-Fotos, kart. ●●

Ninja 2
Die Wege zum Shoshin (0763) Von
S. K. Hayes, 160 S., 309 s/w-Fotos, kart. ●●

Ninja 3
Der Pfad des Togakure-Kämpfers.
(0764) Von S. K. Hayes, 144 S.,
197 s/w-Fotos, 2 Zeichnungen, kart. ●●

Ninja 4
Das Vermächtnis der Schattenkämpfer.
(0807) Von S. K. Hayes, 196 S., 466 s/w-
Fotos, kart. ●●

Der König des Kung-Fu
Bruce Lee
Sein Leben und Kampf. (0392) Von L. Lee,
136 S., 104 s/w-Fotos, kart. ●●

Bruce Lees Kampfstil 1
Grundtechniken. (0473) Von B. Lee,
M. Uyehara, 109 S., 220 Abb., kart. ●

Bruce Lees Kampfstil 2
Selbstverteidigungs-Techniken. (0486) Von
B. Lee, M. Uyehara, 128 S., 310 Abb., kart. ●

Bruce Lees Kampfstil 3
Trainingslehre. (0503) Von B. Lee,
M. Uyehara, 112 S., 246 Abb., kart. ●

Bruce Lees Kampfstil 4
Kampftechniken. (0523) Von B. Lee,
M. Uyehara, 104 S., 211 Abb., kart. ●

Bruce Lees Jeet Kune Do
(0440) Von B. Lee, 192 S., mit 105 eigenhän-
digen Zeichnungen von B. Lee, kart. ●

Ju-Jutsu 1
Grundtechniken – Moderne Selbstverteidigung. (0276) Von W. Heim, F. J. Gresch,
164 S., 450 s/w-Fotos, 8 Zeichnungen, kart. ●

Ju-Jutsu 2
für Fortgeschrittene und Meister. (0378) Von
W. Heim, F. J. Gresch, 160 S., 798 s/w- Fotos,
kart. ●●

Ju-Jutsu 3
Spezial-, Gegen- und Weiterführungs-Techni-
ken. (0485) Von W. Heim, F. J. Gresch,
200 S., über 600 s/w-Fotos, kart. ●●

Ju-Jutsu als Wettkampf
(0826) Von G. Kulot, 168 S., 418 s/w-Fotos,
2 Zeichnungen, kart. ●●

Nunchaku
Waffe · Sport · Selbstverteidigung. (0373)
Von A. Pflüger, 144 S., 247 Abb., kart. ●●

Shuriken · Tonfa · Sai
Stockfechten und andere bewaffnete Kampf-
sportarten aus Fernost. (0397) Von A. Schulz,
96 S., 253 s/w-Fotos, kart. ●●

**Illustriertes Handbuch des
Taekwondo**
Koreanische Kampfkunst und Selbstverteidi-
gung. (4053) Von K. Gil, 248 S., 1026 Abb.,
Pappband. ●●●

Taekwon-Do
Koreanischer Kampfsport. (0347) Von K. Gil, .
152 S., 408 Abb., kart. ●●

Taekwondo perfekt 1
Die Formenschule bis zum Blaugurt.
(0890) Von K. Gil, Kim Chul-Hwan, 176 S.,
439 s/w-Fotos, 107 Zeichnungen, kart. ●●

Aikido
Lehren und Techniken des harmonischen
Weges. (0537) Von R. Brand, 280 S.,
697 Abb., kart. ●●

Kung-Fu und Tai-Chi
Grundlagen und Bewegungsabläufe. (0367)
Von B. Tegner, 182 S., 370 s/w-Abb., kart. ●●

Kung-Fu
Theorie und Praxis klassischer und moderner Stile. (0376) Von M. Pabst, 160 S.,
330 Abb., kart. ●●

Shaolin-Kempo – Kung-Fu
Chinesisches Karate im Drachenstil. (0395)
Von R. Czerni, K. Konrad. 246 S., 723 Abb.,
kart. ●●

Hap Ki Do
Grundlagen und Techniken koreanischer
Selbstverteidigung. (0379) Von Kim Sou
Bong, 112 S., 153 Abb., kart. ●●

Dynamische Tritte
Grundlagen für den Zweikampf. (0438) Von
C. Lee, 96 S., 398 s/w-Fotos, 10 Zeichnun-
gen, kart. ●

Kickboxen
Fitneßtraining und Wettkampfsport.
(0795) Von G. Lemmens, 96 S., 208 s/w-
Fotos, 23 Zeichnungen, kart. ●●

Selbstverteidigung
Abwehrtechniken für Sie und Ihn
(0853) Von E. Deser, 96 S., 259 s/w-Fotos,
kart. ●

Muskeltraining mit Hanteln
Leistungssteigerung für Sport und Fitness.
(0676) Von H. Schulz, 108 S., 92 s/w-Fotos,
2 Zeichnungen, kart. ●

Leistungsfähiger durch Krafttraining
Eine Anleitung für Fitness-Sportler, Trainer
und Athleten (0677) Von W. Kieser, 100 S.,
20 s/w-Fotos, 62 Zeichnungen, kart. ●

Die Faszination athletischer Körper
Bodybuilding
mit Weltmeister Ralf Möller. (4281) Von
R. Möller, 128 S., 169 Farbfotos, 14 s/w-
Fotos, 1 Farbzeichnung, Pappband. ●●●●

Die hier vorgestellten Bücher, Videokassetten und Software sind in folgende Preisgruppen unterteilt:

● Preisgruppe bis DM 10,–/S 79,–
●● Preisgruppe über DM 10,– bis DM 20,–
S 80,– bis S 160,–

●●● Preisgruppe über DM 20,– bis DM 30,–
S 161,– bis S 240,–

●●●● Preisgruppe über DM 30,– bis DM 50,–
S 241,– bis S 400,–
●●●●● Preisgruppe über DM 50,–/S 401,–
*(unverbindliche Preisempfehlung)–

Die Preise entsprechen dem Status beim Druck dieses Verzeichnisses (s. Seite 1) – Änderungen, im besonderen der Preise, vorbehalten –

Bodybuilding
Anleitung zum Muskel- und Konditionstraining für sie und ihn. (0604) Von R. Smolana. 160 S., 171 s/w-Fotos, kart. ●

Hanteltraining zu Hause
(0800) Von W. Kieser, 80 S., 71 s/w-Fotos, 4 Zeichnungen, kart. ●

Fit und gesund
Körpertraining und Bodybuilding zu Hause. (0782) Von H. Schulz, 80 S., 100 Farbfotos, 3 Zeichnungen, kart. ●●

Videokassette
Fit und gesund
Fit und gesund. (6013) VHS, Laufzeit 30 Minuten, in Farbe. ●●●●*

Bodybuilding für Frauen
Wege zu Ihrer Idealfigur. (0661) Von H. Schulz, 108 S., 84 s/w-Fotos, 4 Zeichnungen, kart. ●●

Bodyshaping · Bodybuilding
Mit Anja Albrecht zur Idealfigur. (4405) Von A. Albrecht, 128 S., 164 Farbfotos, 4 s/w-Fotos, 1 Farb- und 1 s/w-Zeichnung, Pappband. ●●●●

Optimale Ernährung
für Krafttraining und Budybuilding. (0912) Von B. Dahmen, 88 S., 8 Farbtafeln, 8 Zeichnungen, kart. ●

Top-Form im Sport
Ernährungs-Training
Das Erfolgsprogramm für den Ausdauersportler. (0945) Von M. Inzinger, Dipl.-Oec. troph. G. Wagner, 160 S., 31 Farbzeichnungen, 16 Grafiken, kart. ●●

Gesund und leistungsfähig durch
Konditionsübungen, Fitneßtraining, Wirbelsäulengymnastik
(0844) Von R. Milser, K. Grafe, 104 S., 99 Farbfotos, 12 Farbzeichnungen, 5 s/w-Zeichnungen, kart. ●●

Stretching
Mit Dehnungsgymnastik zu Entspannung. Geschmeidigkeit und Wohlbefinden. (0717) Von H. Schulz, 80 S. 90 s/w-Fotos, kart. ●

Isometrisches Training
Übungen für Muskelkraft und Entspannung. (0529) Von L. M. Kirsch, 140 S., 162 s/w-Fotos, kart. ●

Gesund und fit durch Gymnastik
(0366) Von H. Pilss-Samek, 132 S., 150 Abb., kart. ●

Spaß am Laufen
Jogging für die Gesundheit. (0470) Von W. Sonntag, 140 S., 41 s/w-Fotos, 1 Zeichnung, kart. ●

Mein bester Freund, der Fußball
(5107) Von D. Brüggemann, D. Albrecht, 144 S., 171 Abb., kart. ●

Fußball
Training und Wettkampf. (0448) Von H. Obermann, P. Walz, 166 S., 92 s/w-Fotos, 15 Zeichnungen, 29 Diagramme. ●●

Handball
Technik · Taktik · Regeln. (0426) Von F. und P. Hattig, 128 S., 91 s/w-Fotos, 121 Zeichnungen, kart. ●●

Volleyball
Technik · Taktik · Regeln. (0351) Von H. Huhle, 104 S., 330 Abb., kart. ●

Badminton
Technik · Taktik · Training. (0699) Von K. Fuchs, L. Sologub, 168 S., 51 Abb., kart., ●●

Die neue Tennis-Praxis
Der individuelle Weg zu erfolgreichem Spiel. (4097) Von R. Schönborn, 240 S., 202 Farbzeichnungen, 31 s/w-Abb., Pappband. ●●●●

Erfolgreiche Tennis-Taktik
(4086) Von R. Ford Greene, übersetzt von M. R. Fischer, 182 S., 87 Abb., kart. ●●

Moderne Tennistechnik
(4187) Von G. Lam, 192 S., 339 s/w-Fotos, 91 Zeichnungen, kart. ●●●

Tennis
Technik · Taktik · Regeln. (0375) Von H. Elschenbroich, 112 S., 81 Abb., kart. ●

Tischtennis-Technik
Der individuelle Weg zu erfolgreichem Spiel. (0775) Von M. Perger, 144 S., 296 Abb. kart. ●●

Squash
Ausrüstung · Technik · Regeln. (0539) Von D. von Horn, H.-D. Stünitz, 96 S., 55 s/w-Fotos, 25 Zeichnungen, kart. ●

Golf
Ausrüstung · Technik · Regeln. (0343) Von J. C. Jessop, übersetzt von H. Biemer, mit einem Vorwort von H. Krings, Präsident des Deutschen Golf-Verbandes, 160 S., 65 Abb., Anhang Golfregeln des DGV, kart. ●●

Pool-Billard
(0484) Herausgegeben vom Deutschen Pool- Billard-Bund, von M. Bach, K.-W. Kühn, 104 S., mit über 64 Abb., kart. ●●

Sportschießen
für jedermann. (0502) Von A. Kovacic, 124 S., 116 s/w-Fotos, kart. ●●

Fechten
Florett · Degen · Säbel. (0449) Von E. Beck, 88 S., 185 Fotos, 10 Zeichnungen, kart. ●●

Wir lernen tanzen
Standard- und lateinamerikanische Tänze. (0200) Von E. Fern, 168 S., 118 s/w-Fotos, 47 Zeichnungen, kart. ●

So tanzt man Rock'n'Roll
Grundschritte · Figuren · Akrobatik. (0573) Von W. Steuer und G. Marz, 224 S., 303 Abb., kart. ●●

Tanzen überall
Discofox, Rock'n'Roll, Blues, Langsamer Walzer, Cha Cha Cha zum Selberlernen. (0760) Von H. M. Pritzer, 112 S., 128 Farbfotos, kart. ●●

Anmutig und fit durch
Bauchtanz
(0911) Von Marta, 120 S., 229 Farbfotos, 6 s/w-Zeichnungen. ●●

Fit mit **Stretching**
(2304) Von B. Kurz, 96 S., 255 Farbfotos, kart. ●

Fit mit **Tai Chi**
als sanfte Körpererfahrung
(2305) Von B. u. K. Moegling, 112 S., 121 Farbfotos, 6 Farb- u. 4 s/w-Zeichnungen, kart. ●

Fit mit **Volleyball**
(2302) Von Dr. A. Scherer, 104 S., 27 Farb- und 1 s/w-Foto, 12 Farb- und 29 s/w-Zeichnungen, kart. ●●

Fit mit **Tanzen**
(2303) Von K. Richter, H. Kleinow, 88 S., 94 Farbfotos, kart. ●●

Fit mit **Karate**
(2308) Von A. Pflüger, 96 S., 134 Farbfotos, 4 s/w-Zeichnungen, kart. ●●

Funboard-Surfen
Material · Technik · Regatten · Internationale Reviere. (4297) Von J. Evans, 144 S., 106 Farbfotos, 9 Farbzeichnungen, 68 zweifarbige und 5 s/w-Zeichnungen, kart. ●●●

Segeln
Der neue Grundschein – Vorstufe zum A-Schein – Mit Prüfungsfragen. (5147) Von C. Schmidt, 80 S., 8 Farbtafeln, 18 Farbfotos, 82 Zeichnungen, kart., ●●

Falken-Handbuch
Angeln
in Binnengewässern und im Meer. (4090) Von H. Oppel, 344 S., 24 Farbtafeln, 66 s/w-Fotos, 151 Zeichnungen, gebunden. ●●●●

Angeln
Kleine Fibel für den Sportfischer. (0198) Von E. Bondick, 96 S., 116 Abb., kart. ●

Sportfischen
Fische – Geräte – Techniken. (0324) Von H. Oppel, 144 S., 49 s/w-Fotos, 8 Farbtafeln, kart. ●

Sporttauchen
Theorie und Praxis des Gerätetauchens. (0647) Von S. Müßig, 144 S., 8 Farbtafeln, 35 s/w-Fotos, 89 Zeichnungen, kart. ●●

Ski-Gymnastik
Fit für Piste und Loipe. (0450) Von H. Pilss-Samek, 104 S., 67 s/w-Fotos, 20 Zeichnungen, kart. ●

Alpiner Skisport
Ausrüstung · Techniken · Skigymnastik. (5130) Von K. Meßmann, 128 S., 8 Farbtafeln, 93 s/ w-Fotos, 45 Zeichnungen, kart. ●●

Skilanglauf, Skiwandern
Ausrüstung · Techniken · Skigymnastik. (5129) Von T. Reiter und R. Kerler, 80 S., 8 Farbtafeln, 85 Zeichnungen und s/w-Fotos, kart. ●●

Eishockey
Lauf- und Stocktechnik, Körperspiel, Taktik, Ausrüstung und Regeln. (0414) Von J. Čapla, 264 S., 548 s/w-Fotos, 163 Zeichnungen, kart. ●●

Fibel für Kegelfreunde
Sport- und Freizeitkegeln · Bowling. (0191) Von G. Bocsai, 72 S., 62 Abb., kart. ●

Beliebte und neue Kegelspiele
(0271) Von G. Bocsai, 92 S., 62 Abb., kart. ●

111 spannende Kegelspiele
(2031) Von H. Regulski, 88 S., 53 Zeichnungen, kart. ●

Schach

Einführung in das Schachspiel
(0104) Von W. Wollenschläger und K. Colditz, 92 S., 116 Diagramme, kart. ●

Falken-Handbuch **Schach**
(4051) Von T. Schuster, 360 S., über 340 Diagramme, gebunden. ●●

Spielend Schach lernen
(2002) Von T. Schuster, 128 S., kart. ●

Kinder- und Jugendschach
Offizielles Lehrbuch des Deutschen Schachbundes zur Erringung der Bauern-, Turmund Königsdiplome. (0561) Von B. J. Withuis, H. Pfleger, 144 S., 220 Zeichnungen und Diagramme, kart. ●●

Neue Schacheröffnungen
(0478) Von T. Schuster, 108 S., 100 Diagramme, kart. ●

Schach für Fortgeschrittene
Taktik und Probleme des Schachspiels.
(0219) Von R. Teschner, 96 S., 85 Diagramme, kart. ●

Taktische Schachendspiele
(0752) Von J. Nunn, 200 S., 151 Diagramme, kart. ●●

Die Schach-Revanche
Kasparow/Karpow 1986. (0831) Von O. Borik, H. Pfleger, M. Kipp-Thomas, 144 S., 19 s/w-Fotos, 72 Diagramme, kart. ●●

Schachstrategie
Ein Intensivkurs mit Übungen und ausführlichen Lösungen. (0584) Von A. Koblenz, dt. Bearb. von K. Colditz, 212 S., 240 Diagramme, kart. ●●

Schachtraining mit den Großmeistern
(0670) Von H. Bouwmeester, 128 S., 90 Diagramme, kart. ●●

Schach als Kampf
Meine Spiele und mein Weg. (0729) Von G. Kasparow, 144 S., 95 Diagramme, 9 s/w-Fotos, kart. ●●

Helmut Pflegers Schachkabinett
Amüsante Aufgaben – überraschende Lösungen. (0877) Von H. Pfleger, 160 S., 118 Diagramme, kart. ●●

Die besten Partien deutscher Schachgroßmeister
(4121) Von H. Pfleger, 192 S., 29 s/w-Fotos, 89 Diagramme, Pappband. ●●●

Lehr-, Übungs- und Testbuch der Schachkombinationen
(0649) Von K. Colditz, 184 S., 227 Diagramme, kart. ●●

Die hohe Schule der **Schachkombination**
(0920) Von W. Golz, P. Keres, 272 S., 322 Diagramme, Pappband. ●●

Offizielles Lehrbuch des Deutschen Schachbundes
Das systematische Schachtraining
Trainingsmethoden, Strategien und Kombinationen. (0857) Von Sergiu Samarian, 152 S., 159 Diagramme, 1 Zeichnung, kart. ●●

So denkt ein Schachmeister
Strategische und taktische Analysen. (0915) Von H. Pfleger, G. Treppner, 120 S., 75 Diagramme, kart. ●●

FALKEN-Buch
Das komplette Schachprogramm
Spielen, Trainieren, Problemlösen mit dem Computer. (7006) Von J. Egger, Diskette für C 64, C 128 PC, mit Begleitheft. ●●●●●*

Zug um Zug Schach für jedermann 1
Offizielles Lehrbuch des Deutschen Schachbundes zur Erringung des Bauerndiploms. (0648) Von H. Pfleger, E. Kurz, 80 S., 24 s/w-Fotos, 8 Zeichnungen, 60 Diagramme, kart. ●

Zug um Zug Schach für jedermann 2
Offizielles Lehrbuch des Deutschen Schachbundes zur Erringung des Turmdiploms. (0659) Von H. Pfleger, E. Kurz, 132 S., 8 s/w-Fotos, 14 Zeichnungen, 78 Diagramme, kart. ●

Zug um Zug Schach für jedermann 3
Offizielles Lehrbuch des Deutschen Schachbundes zur Erringung des Königdiploms. (0728) Von H. Pfleger, G. Treppner, 128 S., 4 s/w-Fotos, 84 Diagramme, 10 Zeichnungen, kart. ●

Zug um Zug Schach für jedermann 1
(7015) Wendediskette für C 64/C 128 PC, mit Begleitheft. ●●●●*
(7005) Wendediskette für Atari ST 520/1040, mit Begleitheft. ●●●●●*

Schach mit dem Computer
(0747) Von D. Frickenschmidt, 140 S., 112 Diagramme, 29 s/w-Fotos, 5 Zeichnungen, kart. ●●

Spiele und Denksport

Kartenspiele
(2001) Von C. D. Grupp, 144 S., kart. ●

Neues Buch der siebzehn und vier Kartenspiele
(0095) Von K. Lichtwitz, 96 S., kart. ●

Alles über Pokern
Regeln und Tricks. (2024) Von C. D. Grupp, 112 S., 29 Kartenbilder, kart. ●

Rommé und Canasta
in allen Variationen. (2025) Von C. D. Grupp, 124 S., 24 Zeichnungen, kart. ●

Schafkopf, Doppelkopf, Binokel, Cego, Gaigel, Jaß, Tarock und andere „Lokalspiele".
(2015) Von C. D. Grupp, 152 S., kart. ●●

Spielend Skat lernen
unter freundlicher Mitarbeit des Deutschen Skatverbandes. (2005) Von Th. Krüger, 156 S., 181 s/w-Fotos, 22 Zeichnungen, kart. ●

Das Skatspiel
Eine Fibel für Anfänger. (0206) Von K. Lehnhoff, überarb. von P. A. Höfges, 96 S., kart. ●

Black Jack
Regeln und Strategien des Kasinospiels. (2032) Von K. Kelbratowski, 88 S., kart. ●

Falken-Handbuch **Patiencen**
Die 111 interessantesten Auslagen. (4151) Von U. v. Lyncker, 216 S., 108 Abbildungen, Pappband. ●●●

Patiencen
in Wort und Bild. (2003) Von I. Wolter, 136 S., kart. ●

Neue Patiencen
(2036) Von H. Sosna, 160 S., 43 Farbtafeln, kart. ●●

Falken-Handbuch **Bridge**
Von den Grundregeln zum Turnierspiel. (4092) Von W. Voigt und K. Ritz, 280 S., 792 Zeichnungen, gebunden. ●●●●

Spielend Bridge lernen
(2012) Von J. Weiss, 108 S., 58 Zeichnungen, kart. ●

Spieltechnik im Bridge
(2004) Von V. Mollo und N. Gardener, deutsche Adaption von D. Schröder, 216 S., kart. ●●

Besser Bridge spielen
Reiztechnik, Spielverlauf und Gegenspiel. (2026) Von J. Weiss, 144 S., 60 Diagramme, kart. ●

Herausforderung im Bridge
200 Aufgaben mit Lösungen. (2033) Von V. Mollo, 152 S., kart. ●●

Präzisions-Treff im Bridge
(2037) Von E. Jannersten, 152 S., kart. ●●

Kartentricks
(2010) Von T. A. Rosee, 80 S., 13 Zeichnungen, kart. ●

Mah-Jongg
Das chinesische Glücks-, Kombinations- und Gesellschaftsspiel. (2030) Von U. Eschenbach, 80 S., 30 s/w-Fotos, 5 Zeichnungen, kart. ●

Neue Kartentricks
(2027) Von K. Pankow, 104 S., 20 Abb., kart. ●

Backgammon
für Anfänger und Könner. (2008) Von G. W. Fink und G. Fuchs, 116 S., 41 Abb., kart. ●

Würfelspiele
für jung und alt. (2007) Von F. Pruss, 112 S., 21 s/w-Zeichnungen, kart. ●

Gesellschaftsspiele
für drinnen und draußen. (2006) Von H. Görz, 128 S., kart. ●

Spiele für Party und Familie
(2014) Von Rudi Carrell, 160 S., 50 Abb., kart. ●

Das japanische Brettspiel Go
(2020) Von W. Dörholt, 104 S., 182 Diagramme, kart. ●

Roulette richtig gespielt
Systemspiele, die Vermögen brachten. (0121) Von M. Jung, 96 S., zahlreiche Tabellen, kart. ●

Spielend Roulette lernen
(2034) Von E. P. Caspar, 152 S., 1 s/w-Foto, 45 Zeichnungen, kart. ●●

Gesellschaftsspiele
für drinnen und draußen. (2006) Von H. Görz, 128 S., kart. ●

Spiele für Party und Familie
(2014) Von Rudi Carrel, 160 S., 50 Abb. kart. ●

Neue Spiele für Ihre Party
(2022) Von G. Blechner, 120 S., 54 Zeichnungen, kart. ●

Lustige Tanzspiele und Scherztänze
für Partys und Feste. (0165) Von E. Bäulke, 80 S., 53 Abb., kart. ●

Straßenfeste, Flohmärkte und Basare
Praktische Tips für Organisation und Durchführung. (0592) Von H. Schuster, 96 S., 52 Fotos, 17 Zeichnungen, kart. ●●

Zaubertricks für jedermann
(0282) Von J. Merlin, 176 S., 113 Abb., kart. ●

Zaubern
einfach - aber verblüffend. (2018) Von D. Bouch, 84 S., 41 Zeichnungen, kart. ●

Magische Zaubereien
(0672) Von Widenmann, 64 S., 31 Zeichnungen, kart. ●

Kinderspiele
die Spaß machen. (2009) Von H. Müller-Stein, 112 S., 28 Abb., kart. ●

Spiele für Kleinkinder
(2011) Von D. Kellermann, 80 S., 23 Abb., kart. ●

Spiel und Spaß am Krankenbett
für Kinder und die ganze Familie. (2035) Von H. Bücken, 104 S., 97 Zeichnungen, kart. ●

Die hier vorgestellten Bücher, Videokassetten und Software sind in folgende Preisgruppen unterteilt:

●   Preisgruppe bis   DM 10,–/S 79,–
●● Preisgruppe über DM 10,– bis DM 20,–
     S 80,– bis S 160,–

●●● Preisgruppe über DM 20,– bis DM 30,–
     S 161,– bis S 240,–

●●●● Preisgruppe über DM 30,– bis DM 50,–
     S 241,– bis S 400,–
●●●●● Preisgruppe über DM 50,–/S 401,–
*(unverbindliche Preisempfehlung)

Die Preise entsprechen dem Status beim Druck dieses Verzeichnisses (s. Seite 1) – Änderungen, im besonderen der Preise, vorbehalten –

Kasperletheater
Spieltexte und Spielanleitungen · Basteltips für Theater und Puppen. (0641) Von U. Lietz, 136 S., 4 Farbtafeln, 12 s/w-Fotos, 39 Zeichnungen, kart. ●

Knobeleien und Denksport
(2019) Von K. Rechberger, 142 S., 105 Zeichnungen, kart. ●

Das Geheimnis der magischen Ringe
Alles über das Puzzle vom Würfel-Erfinder. Die schönsten Figuren.
(0878) Von Dr. Ch. Bandelow, 96 S., 198 Zeichnungen, 8 Cartoons, kart. ●

Quiz
Mehr als 1500 ernste und heitere Fragen aus allen Gebieten. (0129) Von R. Sautter und W. Pröve, 92 S., 9 Zeichnungen, kart. ●

500 Rätsel selberraten
(0681) Von E. Krüger, 272 S., kart. ●

501 Rätsel selberraten
(0711) Von E. Krüger, 272 S., kart. ●

Riesen-Kreuzwort-Rätsel-Lexikon
über 250.000 Begriffe. (4197) Von H. Schiefelbein, 1024 S., kart. ●●●

Das Super-Kreuzwort-Rätsel-Lexikon
Über 150.000 Begriffe. (4279) Von H. Schiefelbein, 688 S., Pappband. ●●

Guten Tag, Kinder!
Neue Texte mit Spielanleitungen fürs Kasperletheater. (0861) Von U. Lietz, 96 S., 18 s/w-Zeichnungen, kart. ●

Kindergeburtstag
Vorbereitung, Spiel und Spaß. (0287) Von Dr. I. Obrig, 136 S., 40 Abb., 11 Zeichnungen, 9 Lieder mit Noten, kart. ●

Kindergeburtstage die keiner vergißt
Planung, Gestaltung, Spielvorschläge. (0698) Von G. und G. Zimmermann, 102 S., 80 Vignetten, kart. ●

Kinderfeste
daheim und in Gruppen. (4033) Von G. Blechner, 240 S., 320 Abb., kart. ●●

Scherzfragen, Drudel und Blödeleien
gesammelt von Kindern. (0506) Hrsg. von W. Pröve, 112 S., 57 Zeichnungen, kart. ●

Humor und Unterhaltung

Heitere Vorträge und witzige Reden
Lachen, Witz und gute Laune. (0149) Von E. Müller, 104 S., 44 Abb., kart. ●

Heitere Vorträge
(0528) Von E. Müller, 128 S., 14 Zeichnungen, kart. ●

Die große Lachparade
Neue Texte für heitere Vorträge und Ansagen. (0188) Von E. Müller, 80 S., kart. ●

So feiert man Feste fröhlicher
Heitere Vorträge und Gedichte. (0098) Von Dr. Allos, 96 S., 15 Abb., kart. ●

Lustige Vorträge für fröhliche Feiern
(0284) Von K. Lehnhoff, 96 S., kart. ●

Vergnügliches Vortragsbuch
(0091) Von J. Plaut, 192 S., kart. ●

Humor und Stimmung
Ein heiteres Vortragsbuch. (0460) Von G. Wagner, 112 S., kart. ●

Humor und gute Laune
Ein heiteres Vortragsbuch. (0635) Von G. Wagner, 112 S., 5 Zeichnungen, kart. ●

Gereimte Vorträge
für Bühne und Bütt. (0567) Von G. Wagner, 96 S., kart. ●

Damen in der Bütt
Scherze, Büttenreden, Sketche. (0354) Von T. Müller, 136 S., kart. ●

Narren in der Bütt
Leckerbissen aus dem rheinischen Karneval. (0216) Zusammengestellt von T. Lücker, 112 S., kart. ●

Rings um den Karneval
Karnevalsscherze und Büttenreden. (0130) Von Dr. Allos, 144 S., 2 Zeichnungen, kart. ●●

Helau und Alaaf 1
Närrisches aus der Bütt. (0304) Von E. Müller, 112 S., 4 Zeichnungen, kart. ●

Helau und Alaaf 2
Neue Büttenreden. (0477) Von E. Luft, 104 S., kart. ●

Helau und Alaaf 3
Neue Reden für die Bütt. (0832) Von H. Fauser, 144 S., 13 Zeichnungen, kart. ●

Wir feiern Karneval
Festgestaltung und Reden für die närrische Zeit. (0904) Von M. Zweigler, 120 S., 4 Zeichnungen, kart. ●

Tolle Sketche
mit zündenden Pointen – zum Nachspielen. (0656) Von E. Cohrs, 112 S., kart. ●

Vergnügliche Sketche
(0476) Von H. Pillau, 96 S., 7 Zeichnungen, kart. ●

Fidele Sketche und heitere Vorträge
Humor zum Nachspielen. (0157) Von H. Ehnle. 96 S., kart. ●

Vorhang auf!
Neue Sketche für jung und alt. (0898) Von H. Pillau, 96 S., 22 Zeichnungen, kart. ●

Sketche und spielbare Witze
für bunte Abende und andere Feste. (0445) Von H. Friedrich, 120 S., 7 Zeichnungen, kart. ●

Sketche
Kurzspiele zu amüsanter Unterhaltung. (0247) Von M. Gering, 132 S., 16 Abb., kart., ●

Witzige Sketche zum Nachspielen
(0511) Von D. Hallervorden, 160 S., kart. ●

Sketche und Blackouts zum Nachspielen
(0941) Von E. Cohrs, 112 S., 12 Zeichnungen, kart. ●

Locker vom Hocker
Witzige Sketche zum Nachspielen. (4262) Von W. Giller, 144 S., 41 Zeichnungen, Pappband. ●●

Phantasievolles Schminken
Verzauberte Gesichter für Maskeraden, Laienspiel und Kinderfeste. (0907) Hrsg. von Y. u. H. Nadolny, 64 S., 227 Farbfotos, kart. ●●

Die Kleidermotte ernährt sich von nichts, sie frißt nur Löcher
Stilblüten, Sprüche und Widersprüche aus Schule, Zeitung, Rundfunk und Fernsehen. (0738) Von P. Haas, D. Kroppach, 112 S., zahlreiche Abb. kart. ●

Da lacht das Publikum
Neue lustige Vorträge für viele Gelegenheiten. (0716) Von H. Schmalenbach, 104 S., kart. ●

Witzig, witzig
(0507) Von E. Müller, 128 S., 16 Zeichnungen, kart. ●

Die besten Witze und Cartoons des Jahres 1
(0454) Hrsg. von K. Hartmann, 288 S., 125 Zeichnungen, geb. ●●

Die besten Witze und Cartoons des Jahres 4
(0579) Hrsg. von K. Hartmann, 288 S., 140 Zeichnungen, Pappband. ●●

Die besten Witze und Cartoons des Jahres 5
(0642) Hrsg. von K. Hartmann, 288 S., 88 Zeichnungen, Pappband. ●●

Die besten Witze und Cartoons des Jahres 6
(0916) Hrsg. von D. Kroppach, 288 S., 84 Zeichnungen, Pappband. ●●

Das Superbuch der Witze
(4146) Von B. Bornheim, 504 S., 54 Cartoons, Pappband. ●●

Witze
Lachen am laufenden Band (4241) Von J. Burkert, D. Kroppach, 400 S., 41 Zeichnungen, Pappband. ●●

Heller Wahnwitz
(0887) Von D. Kroppach, 220 S., 200 Vignetten, kart. ●

Spaßvögel
Über sechshundert komische Nummern. (0888) Von E. Zeller, mit Limericks von W. Müller, 220 S., 200 Vignetten, kart. ●

Total bescheuert
Kinder- und Schülerwitze. (0889) Von G. Geßner und E. Zeller, 220 S., 200 Vignetten, kart. ●

Die besten Beamtenwitze
(0574) Von W. Pröve, 112 S., 59 Cartoons, kart. ●

Die besten Kalauer
(0705) Von K. Frank, 112 S., 12 Zeichnungen, kart., ●

Robert Lembkes Witzauslese
(0325) Von Robert Lembke, 160 S., 10 Zeichnungen von E. Köhler, Pappband. ●●

Fred Metzlers Witze mit Pfiff
(0368) Von F. Metzler, 112 S., kart. ●

O frivol ist mir am Abend
Pikante Witze von Fred Metzler. (0388) Von F. Metzler, 128 S., mit Karikaturen, kart. ●

Herrenwitze
(0589) Von G. Wilhelm, 112 S., 31 Zeichnungen, kart. ●

Witze am laufenden Band
(0461) Von F. Asmussen, 118 S., kart. ●

Gruselwitze
Horror zum Totlachen (0536) Von F. Lautenschläger, 96 S., 44 Zeichnungen, kart. ●

Die besten Ostfriesenwitze
(0495) Hrsg. von O. Freese, 80 S., 15 Zeichnungen, kart. ●

Olympische Witze
Sportlerwitze in Wort und Bild. (0505) Von W. Willnat, 112 S., 126 Zeichnungen, kart. ●

Ich lach mich kaputt! Die besten Kinderwitze
(0545) Von E. Hannemann, 128 S., 15 Zeichnungen, kart. ●

Die hier vorgestellten Bücher, Videokassetten und Software sind in folgende Preisgruppen unterteilt:

● Preisgruppe bis DM 10,–/S 79,–
●● Preisgruppe über DM 10,– bis DM 20,–
 S 80,– bis S 160,–
●●● Preisgruppe über DM 20,– bis DM 30,–
 S 161,– bis S 240,–
●●●● Preisgruppe über DM 30,– bis DM 50,–
 S 241,– bis S 400,–
●●●●● Preisgruppe über DM 50,–/S 401,–
*(unverbindliche Preisempfehlung)

Die Preise entsprechen dem Status beim Druck dieses Verzeichnisses (s. Seite 1) – Änderungen, im besonderen der Preise, vorbehalten –

Lach mit!
Witze für Kinder, gesammelt von Kindern.
(0468) Hrsg. von W. Pröve, 96 S., 17 Zeichnungen, kart. ●

Die besten Kinderwitze
(0757) Von K. Rank, 112 S., 28 Zeichnungen, kart. ●

Lustige Sketche für Jungen und Mädchen
Kurze Theaterstücke für Jungen und Mädchen. (0669) Von U. Lietz und U. Lange, 104 S., kart. ●

Spielbare Witze für Kinder
(0824) Von H. Schmalenbach, 128 S., 30 Zeichnungen, kart. ●

Garten, Tiere, Umwelt

Garten heute
Der moderne Ratgeber · Über 1000 Farbbilder. (4283) Von H. Jantra, 384 S., über 1000 Farbabbildungen, Pappband. ●●●●

Das Gartenjahr
Arbeitsplan für den Hobbygärtner. (4075) Von G. Bambach, 152 S., 16 Farbtafeln, 141 Abb., kart. ●●

Gärtner Gustavs Gartenkalender
Arbeitspläne · Pflanzenporträts · Gartenlexikon. (4155) Von G. Schoser, 120 S., 146 Farbfotos, 13 Tabellen, 203 farbige Zeichnungen, Pappband. ●●●

Der richtige Schnitt von Obst- und Ziergehölzen, Rosen und Hecken
(0619) Von E. Zettl, 88 S., 8 Farbtafeln, 39 Zeichnungen, 21 s/w-Fotos, kart. ●

Blumenpracht im Garten
(5014) Von I. Manz, 64 S., 93 Farbfotos, Pappband. ●●

Blütenpracht in Haus und Garten
(4145) Von M. Haberer, a., 352 S., 1012 Farbfotos, Pappband. ●●●●

Sag's mit Blumen
Pflege und Arrangieren von Schnittblumen. (5103) Von P. Möhring, 64 S., 68 Farbfotos, 2 s/w-Abb., Pappband. ●●

Grabgestaltung
Bepflanzung und Pflege zu jeder Jahreszeit. (5120) Von N. Uhl, 64 S., 77 Farbfotos, 2 Zeichnungen, Pappband. ●●

Wintergärten
Das Erlebnis, mit der Natur zu wohnen. Planen, Bauen und Gestalten. (4256) Von LOG, ID, 136 S., 130 Farbfotos, 107 Zeichnungen, Pappband. ●●●●

Häuser in lebendigem Grün
Fassaden und Dächer mit Pflanzen gestalten. (0846) Von U. Mehl, K. Werk, 88 S., 116 Farbfotos, 4 Farb- und 17 s/w-Zeichnungen, kart. ●●

Rund ums Jahr erfolgreich gärtnern
Gewächshäuser
planen · bauen · einrichten · nutzen. (4408) Von Dr. G. Schoser, J. Wolff, 232 S., 315 Farbfotos, 5 s/w-Fotos, 53 Farbzeichnungen, Pappband. ●●●●●

Gartenteiche und Wasserspiele
planen, anlegen und pflegen. (4083) Von H. R. Sikora, 160 S., 31 Farb- und 31 s/w-Fotos, 73 Zeichnungen, Pappband. ●●●

Wasser im Garten
Von der Vogeltränke zum Naturteich – Natürliche Lebensräume selbst gestalten. (4230) Von H. Hendel, P. Keßeler, 240 S., 247 Farbfotos, 68 Farbzeichnungen, Pappband. ●●●●●

Mein kleiner Gartenteich
planen – anlegen – pflegen (0851) Von I. Polaschek, 144 S., 85 Farbfotos, 10 Farbzeichnungen, kart. ●●

Leben im Naturgarten
Der Biogärtner und seine gesunde Umwelt. (4124) Von N. Jorek, 128 S., 68 s/w-Fotos, kart. ●●

So wird mein Garten zum Biogarten
Alles über die Umstellung auf naturgemäßen Anbau. (0706) Von I. Gabriel, 128 S., 73 Farbfotos, 54 Farbzeichnungen, kart. ●●

Gesunde Pflanzen im Biogarten
Biologische Maßnahmen bei Schädlingsbefall und Pflanzenkrankheiten. (0707) Von I. Gabriel, 128 S., 126 Farbfotos, 12 Farbzeichnungen, kart. ●●

Kosmische Einflüsse auf unsere Gartenpflanzen
Sterne beeinflussen Wachstum und Gesundheit der Pflanzen. (0708) Von I. Gabriel, 112 S., 57 Farbfotos, 43 Farbzeichnungen, kart. ●●

Der Biogarten unter Glas und Folie
Ganzjährig erfolgreich ernten. (0722) Von I. Gabriel, 128 S., 62 Farbfotos, 45 Farbzeichnungen, kart. ●●

Obst und Beeren im Biogarten
Gesunde und schmackhafte Früchte durch natürlichen Anbau. (0780)Von I. Gabriel, 128 S., 38 Farbfotos, 71 Farbzeichnungen, kart. ●●

Kräuter und Heilpflanzen im Biogarten
Gesunde Ernte durch natürlichen Anbau. (0929) Von I. Gabriel, 112 S., 63 Farbfotos, 19 Farbzeichnungen, kart. ●●

Neuanlage eines Biogartens
Planung, Bodenvorbereitung, Gestaltung. (0721) Von I. Gabriel, 128 S., 73 Farbfotos, 39 Zeichnungen, kart. ●●

Der biologische Zier- und Wohngarten
Planen, Vorbereiten, Bepflanzen und Pflegen. (0748) Von I. Gabriel, 128 S., 72 Farbfotos, 46 Farbzeichnungen, kart. ●●

Gemüse im Biogarten
Gesunde Ernte durch naturgemäßen Anbau (0830) Von I. Gabriel, 128 S., 26 Farbfotos, 86 Farbzeichnungen, kart. ●●

Erfolgreich gärtnern
durch naturgemäßen Anbau (4252) Von I. Gabriel, 416 S., 176 Farbfotos, 212 Farbzeichnungen, Pappband. ●●●

Das Bio-Gartenjahr
Arbeitsplan für naturgemäßes Gärtnern. (4169) Von N. Jorek, 128 S., 8 Farbtafeln, 70 s/w-Abb. kart. ●●

Selbstversorgung aus dem eigenen Anbau
Reichen Erntesegen verwerten und haltbar machen. (4182) Von M. Bustorf-Hirsch, M. Hirsch, 216 S., 270 Zeichnungen, Pappband. ●●●

Mischkultur im Nutzgarten
Mit Jahreskalender und Anbauplänen. (0651) Von H. Oppel, 112 S., 8 Farbtafeln, 23 s/w- Fotos, 29 Zeichnungen, kart. ●

Erfolgreich gärtnern mit
Frühbeet und Folie
(0828) Von Dr. Gustav Schoser, 88 S., 8 Farbtafeln, 46 s/w-Fotos, kart. ●

Erfolgstips für den Gemüsegarten
Mit naturgemäßem Anbau zu höherem Ertrag. (0674) Von F. Mühl, 80 S., 30 s/w-Fotos, 4 Zeichnungen, kart. ●

Erfolgstips für den Obstgarten
Gesunde Früchte durch richtige Sortenwahl und Pflege. (0827) Von F. Mühl, 184 S., 16 Farbtafeln, 33 Zeichnungen, kart. ●●

Erfolgstips für den Zierkarten
Schmuckpflanzen und Rasen richtig pflegen. (0930) Von F. Mühl, 156 S., 12 Farbtafeln, 26 s/w–Zeichnungen, kart ●●

Gemüse, Kräuter, Obst aus dem Balkongarten – Erfolgreich ernten auf kleinstem Raum. (0694) Von S. Stein, 32 S., 34 Farbfotos, 6 Zeichnungen, Spiralbindung, kart. ●

Keime, Sprossen, Küchenkräuter
am Fenster ziehen – rund ums Jahr. (0658) Von F. und H. Jantzen, 32 S., 55 Farbfotos, Pappband. ●

Balkons in Blütenpracht
zu allen Jahreszeiten. (5047) Von N. Uhl, 64 S., 80 Farbfotos, Pappband. ●

Kletterpflanzen
Rankende Begrünung für Fassade, Balkon und Garten. (5140) Von M. Haberer, 64 S., 70 Farbabb., 2 Zeichnungen, Pappband. ●●

Mein Kräutergarten rund ums Jahr
Täglich schnittfrisch und gesund würzen. (4192) Von Prof. Dr. G. Lysek, 136 S., 15 Farbtafeln, 91 Zeichnungen, kart. ●●

Blühende Zimmerpflanzen
94 Arten mit Pflegeanleitungen. (5010) Von R. Blaich, 64 S., 107 Farbfotos, Pappband. ●●

Prof. Stelzers grüne Sprechstunde
Gesunde Zimmerpflanzen
Krankheiten erkennen und behandeln · Mit neuem Diagnosesystem. (4274) Von Prof. Dr. G. Stelzer, 192 S., 410 Farbfotos, 10 s/w-Zeichnungen, Pappband. ●●●●

365 Erfolgstips für schöne Zimmerpflanzen
(0893) Von H. Jantra, 144 S., 215 Farbfotos, kart. ●●

Videokassette
Pflanzenjournal
Blumen- und Pflanzenpflege im Jahreslauf. (6036) VHS, ca. 30 Min., in Farbe, ●●●●*

Blütenpracht in Grolit 2000
Der neue, mühelose Weg zu farbenprächtigen Zimmerpflanzen. (5127) Von G. Vocke, 64 S., 50 Farbfotos, Pappband. ●●

Ziergräser
Über 100 Arten erfolgreich kultivieren. (0829) Von H. Jantra, 104 S., 73 Farbfotos, 6 Farbzeichnungen, kart. ●●

Bonsai
Japanische Miniaturbäume und Miniaturlandschaften. Anzucht, Gestaltung und Pflege. (4091) Von B. Lesniewicz, 160 S., 106 Farbfotos, 46 s/w-Fotos, 115 Zeichnungen, gebunden. ●●●●●

Zimmerbäume, Palmen und andere Blattpflanzen
Standort, Pflege, Vermehrung, Schädlinge. (5111) Von G. Schoser, 96 S., 98 Farbfotos, 7 Zeichnungen, Pappband. ●●

Biologisch zimmergärtnern
Zier- und Nutzpflanzen natürlich pflegen.
(4144) Von N. Jorek, 152 S., 15 Farbtafeln,
120 s/w-Fotos, Pappband. ●

Zimmerpflanzen in Hydrokultur
Leitfaden für problemlose Blumenpflege.
(0660) Von H.-A. Rotter, 32 S., 76 Farbfotos,
8 farbige Zeichnungen, Pappband. ●

Kakteen und andere Sukkulenten
300 Arten mit über 500 Farbfotos. (4116)
Von G. Andersohn, 316 S., 520 Farbfotos,
193 Zeichnungen, Pappband. ●●●●

Fibel für Kakteenfreunde
(0199) Von H. Herold, 102 S., 23 Farbfotos,
37 s/w-Abb., kart. ●

Kakteen
Herkunft, Anzucht, Pflege, Arten. (5021) Von
W. Hoffmann, 64 S., 70 Farbfotos, Pappband.
●●

Faszinierende Formen und Farben
Kakteen
(4211) Von K. und F. Schild, 96 S., 127 Farbfotos, Pappband. ●●●

Falken-Handbuch Orchideen
Lebensraum, Kultur, Anzucht und Pflege.
(4231) Von G. Schoser, 144 S., 121 Farbfotos,
28 Farbzeichnungen, Pappband. ●●●

Vogelhäuschen, Nistkästen, Vogeltränken
mit Plänen und Anleitungen zum Selbstbau.
(0695) Von J. Zech 32 S., 42 Farbfotos,
6 Zeichnungen, Pappband. ●

Falken-Handbuch
Umweltschutz
Das Öko-Testbuch zur Eigeninitiative. (4160)
Von M. Häfner, 352 S., 411 Farbf., 152 Farb-
zeichnungen, Pappband. ●●●●

Pilze
erkennen und benennen. (0380) Von J. Rai-
thelhuber, 136 S., 110 Farbfotos, kart. ●

Falken-Handbuch Pilze
Mit über 250 Farbfotos und Rezepten. (4061)
Von M. Knoop, 276 S., 250 Farbfotos,
Pappband. ●●●

Speisepilze aus eigener Zucht
Anbau · Pflege · Zubereitung
(0909) Von U. Groos, 72 S., 8 Farbtafeln,
16 s/w-Zeichnungen, kart. ●

Grizimek Juniors BUNTE TIERWELT
(4295) Von Chr. Grizimek, 208 S., 308 Farbfotos, Pappband. ●●●

Falken-Handbuch Katzen
(4158) Von B. Gerber, 176 S., 294 Farb- und
88 s/w-Fotos, Pappband. ●●●●

Katzen
Rassen · Haltung · Pflege. (4216) Von
B. Eilert-Overbeck, 96 S., 82 Farbfotos, Papp-
band. ●●●

Das neue Katzenbuch
Rassen – Aufzucht – Pflege. (0427) Von
B. Eilert-Overbeck, 136 S., 14 Farbtafeln,
26 s/w-Fotos, kart. ●

Katzenkrankheiten
Erkennung und Behandlung. Steuerung des
Sexualverhaltens. (0652) Von Dr. med. vet.
R. Spangenberg, 176 S., 64 s/w-Fotos,
4 Zeichnungen, kart. ●

Falken-Handbuch Hunde
(4118) Von H. Bielfeld, 176 S., 222 Farb-
und 73 s/w-Abb., Pappband. ●●●●

Hunde
Rassen · Erziehung · Haltung. (4209) Von
H. Bielfeld, 96 S., 101 Farbfotos, Pappband.
●●●

Das neue Hundebuch
Rassen · Aufzucht · Pflege. (0009) Von
W. Busack, überarbeitet von Dr. med. vet.
A. H. Hacker und H. Bielfeld, 112 S., 8 Farb-
tafeln, 27 s/w-Fotos, 6 Zeichnungen, kart. ●

Falken-Handbuch
Der Deutsche Schäferhund
(4077) Von U. Förster, 228 S., 160 Abb.,
Pappband. ●

Der Deutsche Schäferhund
Aufzucht, Pflege und Ausbildung. (0073) Von
A. Hacker, 104 S., 56 Abb., kart. ●

Dackel, Teckel, Dachshund
Aufzucht · Pflege · Ausbildung. (0508) Von
M. Wein-Gysae, 112 S., 4 Farbtafeln, 43 s/w-
Fotos, 2 Zeichnungen, kart. ●

Hundeausbildung
Verhalten – Gehorsam – Abrichtung. (0346)
Von Prof. Dr. R. Menzel, 96 S., 18 Fotos, kart.
●

Grundausbildung für Gebrauchshunde
Schäferhund, Boxer, Rottweiler, Dobermann,
Riesenschnauzer, Airedaleterrier, Hovawart
und Bouvier. (0801) Von M. Schmidt und
W. Koch, 104 S., 8 Farbtafeln, 51 s/w-Fotos,
5 s/w-Zeichnungen, kart. ●

Hundekrankheiten
Erkennung und Behandlung, Steuerung des
Sexualverhaltens. (0570) Von Dr. med. vet.
R. Spangenberg, 128 S., 68 s/w-Fotos,
10 Zeichnungen, kart. ●

Falken-Handbuch Pferde
(4186) Von H. Werner, 176 S., 196 Farb-und
50 s/w-Fotos, 100 Zeichnungen, Pappband.
●●●●

Wellensittiche
Arten · Haltung · Pflege · Sprechunterricht ·
Zucht. (5136) Von H. Bielfeld, 64 S., 59 Farb-
fotos, Pappband. ●●

Papageien und Sittiche
Arten · Pflege · Sprechunterricht.
(0591) Von H. Bielfeld, 112 S., 8 Farbtafeln,
kart. ●

Geflügelhaltung als Hobby
(0749) Von M. Baumeister, H. Meyer, 184 S.,
8 Farbtafeln, 47 s/w-Fotos, 15 Zeichnungen,
kart. ●

Das Süßwasser-Aquarium
Einrichtung · Pflege · Fische · Pflanzen.
(0153) Von H. J. Mayland, 152 S., 16 Farbtafeln, 43 s/w-Zeichnungen, kart. ●●

Falken-Handbuch
Süßwasser-Aquarium
(4191) Von H. J. Mayland, 288 S., 564 Farbfotos, 75 Zeichnungen, Pappband. ●●●●

DIE TIERSPRECHSTUNDE
Tiere im Wassergarten
(0808) Von Dr. med. vet. E. M. Bartenschlager, 96 S., 84 Farbfotos, 7 Zeichnungen,
kart. ●

DIE TIERSPRECHSTUNDE
Sittiche und kleine Papageien
(0864) Von Dr. med. vet. E. M. Bartenschlager, 88 S., 84 Farbfotos, 9 Zeichnungen,
kart. ●

DIE TIERSPRECHSTUNDE
Junge Katzen
(0862) Von Dr. med. vet. E. M. Bartenschlager, 72 S., 40 Farbfotos, 4 Farbzeichnungen,
kart. ●

DIE TIERSPRECHSTUNDE
Alles über Igel in Natur und Garten
(0810) Von Dr. med. vet. E. M. Bartenschlager, 68 S., 51 Farbfotos, kart. ●

DIE TIERSPRECHSTUNDE
Alles über Meerschweinchen
(0809) Von Dr. med. vet. E. M. Bartenschlager, 72 S., 43 Farbfotos, 11 Farbzeichnungen,
kart. ●

DIE TIERSPRECHSTUNDE
Alles über junge Hunde
(0863) Von Dr. med. vet. E. M. Bartenschlager, 64 S., 49 Farbfotos, 6 Zeichnungen,
kart. ●

DIE TIERSPRECHSTUNDE
Richtige Hundeernährung
(0811) Von Dr. med. vet. E. M. Bartenschlager,
80 S., 51 Farbfotos, 4 Farbzeichnungen, kart.
●

Dinosaurier
und andere Tiere der Urzeit. (4219) Von
G. Alschner, 96 S., 81 Farbzeichnungen,
4 Fotos, Pappband. ●●●

Mensch und Gesundheit

Die Frau als Hausärztin
Der unentbehrliche Ratgeber für die Gesundheit. (4072) Von Dr. med. A. Fischer-Dückel-
mann, 808 S., 14 Farbtafeln, 146 s/w-Fotos,
203 Zeichnungen, Pappband. ●●●

Dr. Reitners großes Gesundheitslexikon
Mit über 5000 Stichwörtern.
(4282) Von H.-J. Lewitzka-Reitner,
in Zusammenarbeit mit P. Janknecht und
U. Kannapinn, 504 S., 424 s/w-Abbildungen,
Pappband. ●●

Sexualberatung
(0402) Von Dr. M. Röhl, 168 S., 8 Farbtafeln,
17 Zeichnungen, Pappband. ●●

Die Kunst des Stillens
nach neuesten Erkenntnissen
(0701) Von Prof. Dr. med. E. Schmidt,
S. Brunn, 112 S., 20 Fotos und Zeichnungen,
kart. ●

Wenn Sie ein Kind bekommen
(4003) Von U. Klamroth, Dr. med. H. Oster,
240 S., 86 s/w-Fotos, 30 Zeichnungen, kart.
●●●

Der moderne Ratgeber
Wir werden Eltern
Schwangerschaft · Geburt · Erziehung des
Kleinkindes. (4269) Von B. Nees-Delaval,
376 S., 335 zweifarbige Abbildungen,
Pappband. ●●●●

Vorbereitung auf die Geburt
Schwangerschaftsgymnastik, Atmung, Rück-
bildungsgymnastik. (0251) Von S. Buchholz,
112 S., 98 s/w-Fotos, kart. ●

Wie soll es heißen?
(0211) Von D. Köhr, 136 S., kart. ●

Das Babybuch
Pflege · Ernährung · Entwicklung. (0531) Von
A. Burkert, 128 S., 16 Farbtafeln,
38 s/w-Fotos, 30 Zeichnungen, kart. ●●

Wenn der Mensch zum Vater wird
Ein heiter-besinnlicher Ratgeber. (4259) Von
D. Zimmer, 160 S., 20 Zeichnungen,
Pappband. ●●

Wenn Kinder krank werden
Medizinischer Ratgeber für Eltern.
(4240) Von Dr. med. I. J. Chasnoff, B. Nees-
Delaval, 232 S., 163 Zeichnungen, Pappband. ●●●

Psycho-Tests
– Erkennen Sich sich selbst. (0710) Von
B. M. Nash, R. B. Monchick, 304 S., 81 Zeichnungen, kart. ●●

FALKEN-SOFTWARE
Ego-Tests
Sich und andere besser erkennen und
verstehen. (7012) Diskette für IBM PC kompatible (MS DOS) mit Begleitheft. ●●●●●¨

Frauenträume – Männerträume
und ihre Bedeutung. (4198) Von G. Senger,
272 S., mit Traumlexikon, Pappband. ●●

Wie Sie im Schlaf das Leben meistern
Schöpferisch träumen
Der Klartraum als Lebenshilfe.
(4258) Von Prof. D. P. Tholey, K. Utecht.
256 S., 1 s/w-Foto, 20 Zeichnungen, Pappband. ●●●

So deutet man Träume
Die Bildersprache des Unbewußten. (0444)
Von G. Haddenbach, 160 S., Pappband. ●

Bildatlas des menschlichen Körpers
(4177) Von G. Pogliani, V. Vannini, 112 S.,
402 Farbabb. 28 s/w-Fotos, Pappband. ●●●

Ratgeber Aids
Entstehung, Ansteckung, Krankheitsbilder,
Heilungschancen, Schutzmaßnahmen.
(0803) Von B. Baartman, Vorwort von Dr.
med. H. Jäger, 112 S., 8 Farbtafeln,
4 Grafiken, kart. ●●

Enzyme
Vitalstoffe für die Gesundheit. (0677) Von
G. Leibold, 96 S., kart. ●

Heilfasten
(0713) Von G. Leibold, 108 S., kart. ●

Besser leben durch Fasten
(0841) Von G. Leibold, 100 S., kart. ●

Fastenkuren
Wege zur gesunden Lebensführung.
Rezepte und Tips für die Nachfastenzeit.
Kurzfasten · Saftfastenkuren · Fastenschalttage · Heilfasten. (4248) Von Ha. A. Mehler,
H. Keppler, 144 S., 16 s/w-Fotos, 9 Zeichnungen, Pappband. ●●●

Aus dem Schatz der Naturmedizin
Heilkräuterkuren
(4268) Von Dr. med. E. Rauch, Dr. rer. nat.
P. Kruletz, 144 S., 49 Zeichnungen, kart. ●●

Rheuma behandeln und lindern
Mit einem Vorwort von Dr. med. Max-Otto-
Bruker. (0836) Von G. Leibold, 100 S., kart. ●

Die echte Schroth-Kur
(0797) Von Dr. med. R. Schroth, 88 S.,
2 s/w-Fotos, kart. ●

Streß bewältigen durch Entspannung
(0834) Von Dr. med. Chr. Schenk, 88 S.,
29 Zeichnungen, kart. ●

Gesundheit und Spannkraft durch Yoga
(0321) Von L. Frank und U. Ebbers, 112 S.,
50 s/w-Fotos, kart. ●

Yoga für jeden
(0341) Von K. Zebroth, 156 S., 135 Abb.,
Spiralbindung, ●●

Yoga für Schwangere
Der Weg zur sanften Geburt. (0777) Von
V. Bolesta-Hahn, 108 S., 76 zweifarbige Abb.
kart. ●●

**Yoga gegen Haltungsschäden und
Rückenschmerzen**
(0394) Von A. Raab, 104 S., 215 Abb., kart. ●

Bauch, Taille und Hüfte gezielt formen durch
Aktiv-Yoga
(0709) Von K. Zebroll, 112 S., 102 Farbfotos,
kart. ●●

Hypnose und Autosuggestion
Methoden – Heilwirkungen – praktische
Beispiele. (0483) Von G. Leibold, 120 S.,
9 Illustrationen, kart. ●

Kneippkuren zu Hause
(0779) Von G. Leibold, 112 S., 25 Zeichnungen, kart. ●

Krebsangst und Krebs behandeln
Mit einem Vorwort von Prof. Dr. med.
Friedrich Douwes. (0839) Von G. Leibold,
104 S., kart. ●

Allergien behandeln und lindern
Mit einem Vorwort von Prof. Dr. med. Axel
Stemmann. (0840) Von G. Leibold, 104 S.,
4 Zeichnungen, kart. ●

Besser sehen durch Augentraining
Ein Gesundheitsprogramm zur Verbesserung
des Sehvermögens. (0914) Von K. Schutt, B.
Rumpler, 96 S., 32 s/w-Zeichnungen, kart. ●

Darmleiden
Krankheitsbilder, Behandlung, Selbstbehandlung, Richtige Lebensführung und
Ernährung. (0798) Von Dr. med. K. Steffens,
112 S., 46 Zeichnungen, kart. ●

Massage
(0750) Von B. Rumpler, K. Schutt, 112 S.,
116 zweifarbige Zeichnungen, kart. ●●

Fußmassage
Reflexzonentherapie am Fuß (0714) Von G.
Leibold, 96 S., 38 Zeichnungen, kart. ●

Rheuma und Gicht
Krankheitsbilder, Behandlung, Therapieverfahren, Selbstbehandlung, Richtige
Lebensführung und Ernährung. (0712) Von
Dr. J. Höder, J. Bandick, 104 S., kart. ●

Diabetes
Krankheitsbild, Therapie, Kontrollen,
Schwangerschaft, Sport, Urlaub, Alltagsprobleme, Neueste Erkenntnisse der
Diabetesforschung. (0895) Von Dr. med.
H. J. Krönke, 120 S., 4 Farbtafeln, 14 s/w-
Fotos, 13 s/w-Zeichnungen, kart. ●

Krampfadern
Ursachen, Vorbeugung, Selbstbehandlung,
Therapieverfahren. (0727) Von Dr. med.
K. Steffens, 96 S., 38 Abb., kart. ●

Gallenleiden
Krankheitsbilder, Behandlung, Therapieverfahren, Selbstbehandlung, Richtige
Lebensführung und Ernährung. (0673) Von
Dr. med. K. Steffens, 104 S., 34 Zeichnungen, kart. ●

Asthma
Pseudokrupp, Bronchitis und Lungenemphysem. (0778) Von Prof. Dr. med. W. Schmidt,
120 S., 56 Zeichnungen, kart. ●

Autogenes Training
Anwendung · Heilwirkungen · Methoden.
(0541) Von R. Faller, 128 S., 3 Zeichnungen,
kart. ●

**Die fernöstliche Fingerdrucktherapie
Shiatsu**
Anleitungen zur Selbsthilfe – Heilwirkungen.
(0615) Von G. Leibold, 196 S., 180 Abb., kart.
●●

Eigenbehandlung durch Akupressur
Heilwirkungen – Energielehre – Meridiane.
(0417) Von G. Leibold, 152 S., 78 Abb., kart. ●

Chinesische Naturheilverfahren
Selbstbehandlung mit bewährten Methoden
der physikalischen Therapie. Atemtherapie ·
Heilgymnastik · Selbstmassage · Vorbeugen ·
Behandeln · Entspannen. (4247) Von
F. T. Lie, 240 S., 292 zweifarbige Zeichnungen, Pappband. ●●

Massagetechniken und Heilanzeigen
Reflexzonentherapie
(4404) Von G. Leibold, 128 S., 53 Farbzeichnungen, Pappband. ●●

Chinesisches Schattenboxen
Tai-Ji-Quan
für geistige und körperliche Harmonie.
(0850) Von F. T. Lie, 120 S., 221 s/w-Fotos,
9 s/w-Zeichnungen, Beilage: 1 s/w-Poster mit
zahlreichen Abbildungen, kart. ●●

Gesundheit durch altbewährte Kräuterrezepte und Hausmittel aus der
Natur-Apotheke
(4156) Von G. Leibold, 236 S., 8 Farbtafeln,
100 Zeichnungen, kart., ●●

**Heiltees und Kräuter für die
Gesundheit**
(4123) Von G. Leibold, 136 S., 15 Farbtafeln,
16 Zeichnungen, kart. ●●

Falken-Handbuch **Heilkräuter**
Modernes Lexikon der Pflanzen und Anwendungen (4076) Von G. Leibold, 392 S.,
183 Farbfotos, 22 Zeichnungen, geb. ●●●●

Kochen für Diabetiker
Gesund und schmackhaft für die ganze
Familie. (4132) Von: M. Toeller, W. Schumacher, A. C. Groote, 224 S., 109 Farbfotos,
94 Zeichnungen, Pappband. ●●●

Neue Rezepte für Diabetiker-Diät
Vollwertig – abwechslungsreich - kalorienarm. (0418) Von M. Oehlrich, 120 S., 8 Farbtafeln, kart. ●

**Diät bei Krankheiten des Magens und
Zwölffingerdarms**
Rezeptteil von B. Zöllner. (3201) Von Prof. Dr.
med. H. Kaess, 96 S., 35 Farbfotos,
1 s/w-Zeichnung, kart. ●●

**Diät bei Herzkrankheiten und
Bluthochdruck**
Salzarme (natriumarme) Kost, Rezeptteil von
B. Zöllner. (3202) Von Prof. Dr. med.
H. Rottka, 92 S., 33 Farbfotos, kart. ●●

Diät bei Erkrankungen der Nieren, Harnwege und bei Dialysebehandlung
Rezeptteil von B. Zöllner. (3203) Von Prof. Dr.
med. Dr. h. c H. J. Sarre und Prof. Dr. med.
R. Kluthe, 96 S., 33 Farbfotos, 1 s/w-Zeichnung, kart. ●●

Richtige Ernährung wenn man älter wird
Rezeptteil von B. Zöllner. (3204) Von Prof. Dr.
med. H.-J. Pusch. 96 S., 36 Farbfotos und
3 s/w-Zeichnungen, kart. ●●

Diät bei Gicht und Harnsäuresteinen
Rezeptteil von B. Zöllner. (3205) Von Prof. Dr.
med. N. Zöllner, 80 S., 4 Farbtafeln, kart. ●●

Diät bei Zuckerkrankheit
Rezeptteil von B. Zöllner. (3206) Von Prof. Dr.
med. P. Dieterle, 112 S., 42 Farbfotos, 4 vierfarbige Vignetten, 1 s/w-Zeichnung, kart. ●●

**Diät bei Krankheiten der Gallenblase,
Leber und Bauchspeicheldrüse**
Rezeptteil von B. Zöllner. (3207) Von Prof. Dr.
med. H. Kasper, 88 S., 4 Farbfotos, kart. ●●

**Diät bei Störungen des Fettstoffwechsels
und zur Vorbeugung der Arteriosklerose**
Rezeptteil von B. Zöllner. (3208) Von Prof. Dr.
med. G. Wolfram und Dr. med. O. Adam,
104 S., 4 Farbtafeln, kart. ●●

Diät bei Übergewicht
Rezeptteil von B. Zöllner. (3209) Von Prof. Dr.
med. Ch. Keller, 104 S., 42 Farbfotos,
3 s/w-Zeichnungen, kart. ●●

Die hier vorgestellten Bücher, Videokassetten und Software sind in folgende Preisgruppen unterteilt:

● Preisgruppe bis DM 10,–/S 79,–
●● Preisgruppe über DM 10,– bis DM 20,–
S 80,– bis S 160,–

●●● Preisgruppe über DM 20,– bis DM 30,–
S 161,– bis S 240,–

●●●● Preisgruppe über DM 30,– bis DM 50,–
S 241,– bis S 400,–
●●●●● Preisgruppe über DM 50,–/S 401,–
¨(unverbindliche Preisempfehlung)

Die Preise entsprechen dem Status beim Druck dieses Verzeichnisses (s. Seite 1) – Änderungen, im besonderen der Preise, vorbehalten –

Diät bei Darmkrankheiten
Durchfall – Divertikulose, Reizdarm und
Darmträgheit – einheimische Sprue (Zöliakie) – Disaccharidasemangel – Dünndarmre-
sektion – Dumping Syndrom. Rezeptteil von
B. Zöllner. (3211) Von Prof. Dr. med. G. Stroh-
meyer, 88 S., 4 Farbtafeln, kart. ●●

**Ballaststoffreiche Kost bei Funktionsstö-
rungen des Darms**
Rezeptteil von B. Zöllner. (3212) Von Prof. Dr.
med. H. Kasper, 96 S., 34 Farbfotos, 1 s/w-
Foto, kart. ●●

Rat und Wissen

Der gute Ton
Ein moderner Knigge. (0063) Von I. Wolter,
168 S., 38 Zeichnungen, 53 s/w-Fotos, kart.
●

Haushaltstips von A bis Z
(0759) Von A. Eder, 80 S., 30 Zeichnungen,
kart. ●

**Familienforschung · Ahnentafel ·
Wappenkunde**
Wege zur eigenen Familienchronik.
(0744) Von P. Bahn, 128 S., 8 Farbtafeln,
30 Abbildungen, kart. ●●

Die Kunst der freien Rede
Ein Intensivkurs mit vielen Übungen,
Beispielen und Lösungen. (4189) Von
G. Hirsch, 232 S., 11 Zeichnungen,
Pappband. ●●●

**Reden zur Taufe, Kommunion
und Konfirmation**
(0751) Von G. Georg, 96 S., kart. ●

Der richtige Brief zu jedem Anlaß
Das moderne Handbuch mit 400 Muster-
briefen. (4179) Von H. Kirst, 376 S.,
Pappband. ●●●

Wir heiraten
Ratgeber zur Vorbereitung und Festgestal-
tung der Verlobung und Hochzeit. (4188) Von
C. Poensgen, 216 S., 8 s/w-Fotos, 30 s/w-
Zeichnungen, 8 Farbtafeln, Pappband. ●●●

Wir feiern Hochzeit
Festgestaltung – phantasievoll und modern.
(0943) Von H. J. Winkler, 120 S., kart. ●

**Von der Verlobung zur Goldenen Hoch-
zeit**
(0393) Von E. Ruge, 120 S., kart. ●

Reden zur Hochzeit
Musteransprachen für Hochzeitstage.
(0654) Von G. Georg, 112 S., kart. ●

**Glückwünsche, Toasts und Festreden zur
Hochzeit.**
(0264) Von I. Wolter, 128 S., 18 Zeichnungen,
kart. ●

Hochzeits- und Bierzeitungen
Muster, Tips und Anregungen. (0288) Von
H.-J. Winkler, mit vielen Text- und Gestal-
tungsanregungen, 116 S., 15 Abb., 1 Muster-
zeitung, kart. ●

**Kindergedichte zur Grünen, Silbernen
und Goldenen Hochzeit**
(0318) Von H.-J. Winkler, 104 S., 20 Abb.,
kart. ●

Kindergedichte für Familienfeste
(0860) Von B. H. Bull, 96 S., 20 Zeichnungen, kart. ●

Die Silberhochzeit
Vorbereitung · Einladung · Geschenkvor-
schläge · Dekoration · Festablauf · Menüs ·
Reden · Glückwünsche. (0542) Von
K. F. Merkle, 120 S., 41 Zeichnungen, kart. ●

Großes Buch der Glückwünsche
(0255) Hrsg. von O. Fuhrmann, 176 S.,
77 Zeichnungen und viele Gestaltungsvorschläge, Pappband. ●●

Herzliche Glückwünsche!
Die schönsten Gedichte und Texte für viele
Gelegenheiten. (0942) Hrsg. von B. H. Bull,
256 S., 50 Zeichnungen, Pappband. ●●

Neue Glückwunschfibel
für Groß und Klein. (0156) Von R. Christian-
Hildebrandt, 96 S., kart. ●

Glückwunschverse für Kinder
(0277) Von B. Ulrici, 80 S., kart. ●

Die Redekunst
Rhetorik · Rednererfolg (0076) Von K. Wolter,
überarbeitet von Dr. W. Tappe, 80 S., kart. ●

Reden und Ansprachen
für jeden Anlaß. (4009) Hrsg. von F. Sicker,
454 S., gebunden. ●●●●

Reden zum Jubiläum
Musteransprachen für viele Gelegenheiten
(0595) Von G. Georg, 112 S., kart. ●

Reden zum Ruhestand
Musteransprachen zum Abschluß des Berufs-
lebens (0790) Von G. Georg, 104 S., kart. ●

**Reden und Sprüche zu Grundstein-
legung, Richtfest und Einzug**
(0598) Von A. Bruder, G. Georg, 96 S., kart. ●

Reden zu Familienfesten
Musteransprachen für viele Gelegenheiten.
(0675) Von G. Georg, 112 S., kart. ●

Reden zum Geburtstag
Musteransprachen für familiäre und offizielle
Anlässe. (0773) Von G. Georg, 104 S., kart. ●

Festreden und Vereinsreden
Ansprachen für festliche Gelegenheiten.
(0069) Von K. Lehnhoff, E. Ruge, 88 S., kart. ●

Reden im Verein
Musteransprachen für viele Gelegenheiten.
(0703) Von G. Georg, 112 S., kart., ●

Programm und Publikum
Der ständige Versuch einer Annäherung.
Beiträge und Reden über das öffentlich-
rechtliche Fernsehen (0874) Von A. Schardt,
167 S., kart. ●

Trinksprüche
Fest- und Damenreden in Reimen. (0791)
Von L. Metzner, 88 S., 14 s/w-Zeichnungen,
kart. ●

**Trinksprüche, Richtsprüche,
Gästebuchverse**
(0224) Von D. Kellermann, 80 S., kart. ●

Ins Gästebuch geschrieben
(0576) Von K. H. Trabeck, 96 S., 24 Zeichnungen, kart. ●

Poesiealbumverse
Heiteres und Besinnliches. (0578) Von
A. Göttling, 112 S., 20 Zeichnungen,
Pappband. ●●

Verse fürs Poesiealbum
(0241) Von I. Wolter, 96 S., 20 Abb., kart. ●

Rosen, Tulpen, Nelken . . .
Beliebte Verse fürs Poesiealbum
(0431) Von W. Pröve, 96 S., 11 Faksimile-
Abb., kart. ●

Der Verseschmied
Kleiner Leitfaden für Hobbydichter. Mit
Reimlexikon. (0597) Von T. Parisius, 96 S.,
28 Zeichnungen, kart. ●

Moderne Korrespondenz
Handbuch für erfolgreiche Briefe.
(4014) Von H. Kirst und W. Manekeller,
544 S., Pappband. ●●●●

Der neue Briefsteller
Musterbriefe für alle Gelegenheiten. (0060)
Von I. Wolter-Rosendorf, 112 S., kart. ●

Geschäftliche Briefe
des Privatmanns, Handwerkers, Kaufmanns.
(0041) Von A. Römer, 120 S., kart. ●

Behördenkorrespondenz
Musterbriefe ¬ Anträge – Einsprüche. (0412)
Von E. Ruge, 120 S., kart. ●

Musterbriefe
für alle Gelegenheiten. (0231) Hrsg. von
O. Fuhrmann, 240 S., kart. ●

Privatbriefe
Muster für alle Gelegenheiten. (0114) Von
I. Wolter-Rosendorf, 132 S., kart. ●

Briefe zu Geburt und Taufe
Glückwünsche und Danksagungen. (0802)
Von H. Beitz, 96 S., 12 Zeichnungen, kart. ●

Briefe zum Geburtstag
Glückwünsche und Danksagungen
(0822) Von H. Beitz, 104 S., 22 Zeichnungen,
kart. ●

Briefe zur Hochzeit
Glückwünsche und Danksagungen
(0852) Von R. Röngen, 96 S., 1 Zeichnung,
39 Vignetten, kart. ●

Briefe der Liebe
Anregungen für gefühlvolle und zärtliche
Worte. (0903) Hrsg. von H. Beitz, 96 S.,
4 Zeichnungen, kart. ●

Erfolgstips für den Schriftverkehr
Briefwechsel leicht gemacht durch einfachen
Stil und klaren Ausdruck (0678) Von
U. Schoenwald, 120 S., kart. ●

Worte und Briefe der Anteilnahme
(0464) Von E. Ruge, 128 S., mit vielen Abb.,
kart. ●

Reden in Trauerfällen
Musteransprachen für Beerdigungen und
Trauerfeiern (0736) Von G. Georg, 104 S.,
kart. ●

In Anerkennung Ihrer...
**Lob und Würdigung in Briefen
und Reden**
(0535) Von H. Friedrich, 136 S., kart. ●

Das große farbige Kinderlexikon
(4195) Von U. Kopp, 320 S., 493 Farbabb.,
17 s/w-Fotos, Pappband. ●●●

ZDF · ORF · DRS
Kompaß Jugend-Lexikon
(4096) Von R. Kerler, J. Blum, 336 S.,
766 Farbfotos, 39 s/w-Abb., Pappband.
●●●●

Elternsache Grundschule
(0692) Hrsg. von K. Meynersen, 324 S., kart.
●●●

Vom Urkrümel zum Atompilz
Evolution – Ursache und Ausweg aus der
Krise. (4181) Von J. Voigt, 188 S., 20 Farb-
und 70 s/w-Fotos, 32 Zeichnungen, kart. ●●

Neues Denken – alte Geister
New Age unter der Lupe.
(4278) Von G. Myrell, Dr. W. Schmandt,
J. Voigt, 176 S., 54 Farbfotos, 3 Zeichnungen,
kart. ●●

Die hier vorgestellten Bücher, Videokassetten und Software sind in folgende Preisgruppen unterteilt:

● Preisgruppe bis   DM 10,–/S 79,–
●● Preisgruppe über DM 10,– bis DM 20,–
S 80,– bis S 160,–

●●● Preisgruppe über DM 20,– bis DM 30,–
S 161,– bis S 240,–

●●●● Preisgruppe über DM 30,– bis DM 50,–
S 241,– bis S 400,–
●●●●● Preisgruppe über DM 50,–/S 401,–
*(unverbindliche Preisempfehlung)

Die Preise entsprechen dem Status beim Druck dieses Verzeichnisses (s. Seite 1) – Änderungen, im besonderen der Preise, vorbehalten –

Schülerlexikon der Mathematik
Formeln, Übungen und Begriffserklärungen
für die Klassen 5–10. (0430) Von R. Müller,
176 S., 96 Zeichnungen, kart. ●

Mathematik verständlich
Zahlenbereiche Mengenlehre, Algebra,
Geometrie, Wahrscheinlichkeitsrechnung,
Kaufmännisches Rechnen. (4135) Von
R. Müller, 652 S., 10 s/w- und 109 Farbfotos,
802 farbige und 79 s/w-Zeichnungen, über
2500 Beispiele und Übungen mit Lösungen,
Pappband. ●●●●●

**Mathematische Formeln für Schule und
Beruf**
Mit Beispielen und Erklärungen. (0499) Von
R. Müller, 156 S., 210 Zeichnungen, kart. ●

Rechnen aufgefrischt
für Schule und Beruf. (0100) Von H. Rausch,
144 S., kart. ●

Physik verständlich
Förderkurs für die Klassen 7 bis 10
(0926) Von Dr. Th. Neubert, 136 S., 146 s/w-
Zeichnungen, 166 Aufgaben, kart. ●●

Mehr Erfolg in Schule und Beruf
Besseres Deutsch
Mit Übungen und Beispielen für Rechtschrei-
bung, Diktate, Zeichensetzung, Aufsätze,
Grammatik, Literaturbetrachtung, Stil, Briefe,
Fremdwörter, Reden. (4115) Von K. Schreiner,
444 S., 7 s/w-Fotos, 27 Zeichnungen, Papp-
band. ●●●

Richtiges Deutsch
Rechtschreibung · Zeichensetzung · Grammatik · Stilkunde. (0551) Von K. Schreiner,
128 S., 7 Zeichnungen, kart. ●

Diktate besser schreiben
Übungen zur Rechtschreibung für die Klassen 4–8. (0469) Von K. Schreiner, 152 S.,
31 Zeichnungen, kart. ●

Aufsätze besser schreiben
Förderkurs für die Klassen 4–10. (0429) Von
K. Schreiner, 144 S., 4 s/w-Fotos, 27 Zeich-
nungen, kart. ●

Deutsche Grammatik
Ein Lern- und Übungsbuch. (0704) Von
K. Schreiner, 112 S., kart. ●

Mehr Erfolg in der Schule
**Deutsche Rechtschreibung und
Grammatik**
Übungen und Beispiele für die Klassen
5–10. (4407) Von K. Schreiner, 256 S.,
durchgehend zweifarbig, Pappband. ●●●

Mehr Erfolg in der Schule
Der Deutschaufsatz
Übungen und Beispiele für die Klassen
5–10. (4271) Von K. Schreiner, 240 S.,
4 s/w-Fotos, 51 Zeichnungen, Pappband. ●●●

Richtige Zeichensetzung
durch neue, vereinfachte Regeln. Erläuterungen der Zweifelsfragen anhand vieler
Beispiele. (0774) Von Prof. Dr. Ch. Stetter,
160 S., kart. ●

Richtige Groß- und Kleinschreibung
durch neue, vereinfachte Regeln. Erläuterungen der Zweifelsfragen anhand vieler Beispiele. (0897) Von Prof. Dr. Ch. Stetter, 96 S.,
kart. ●

Besseres Englisch
Grammatik und Übungen für die Klassen 5
bis 10. (0745) Von E. Henrichs, 144 S., ●●

The Grammar Master
Englische Grammatik üben und beherrschen.
(7002) Diskette für den C 64/C 128 (im 64er
Modus) ●●●●*

Vokabeltrainer Englisch
Von B. Hoppius. (7001) Wendediskette für
C 64/C 128 PC, mit Begleitheft. ●●●●*
(7007) Wendediskette für Atari ST 520/
1040, mit Begleitheft. ●●●●●*

Take a Trip to Britain
(7004) Von reLine, Diskette für C 64/
C 128 PC, mit Begleitheft. ●●●●*

Schnell und sicher zum Führerschein
Tips und Tricks aus 30jähriger-Fahrschul-
Praxis. (0921) Von O. Einert, 152 S., 156 Farb-
fotos, 161 z. T. farb. Zeichnungen, kart. ●●

Maschinenschreiben für Kinder
(0274) Von H. Kaus, 48 S., farbige Abb., kart. ●

So lernt man leicht und schnell
Maschinenschreiben
Lehrbuch für Schulen, Lehrgänge und Selbstunterricht. (0568) Von M. Kempkes, 112 S.,
31 s/w- Fotos, 36 Zeichnungen, kart. ●●

**Maschinenschreiben durch
Selbstunterricht**
(0170) Von A. Fonfara, 84 S., kart. ●

Maschinenschreiben
In 10 Tagen spielend gelernt. Von Unter-
richtsmedien Hoppius. (7008) Diskette für
den C 64 und C 128 PC ●●●●*
(7009) für IBM PC + kompatible, ●●●●●*
(7010) für Schneider CPC 464, 664, 6128,
●●●●●*

Stenografie leicht gelernt
im Kursus oder Selbstunterricht. (0266) Von
H. Kaus, 64 S., kart. ●

Buchführung
leicht gefaßt. Ein Leitfaden für Handwerker
und Gewerbetreibende. (0127) Von R. Pohl.
104 S., kart. ●

Buchführung leicht gemacht
Ein methodischer Grundkurs für den Selbst-
unterricht. (4238) Von D. Machenheimer,
R. Kersten, 252 S., Pappband. ●●●

Erfolgreiche Kaufmannspraxis
Wirtschaftliche Grundlagen, Geld, Kredit-
wesen, Steuern, Betriebsführung, Recht, EDV.
(4046) Von W. Göhler, H. Gölz,
M. Heibel, Dr. D. Machenheimer, 544 S.,
gebunden. ●●●●

Familienrecht
Ehe – Scheidung – Unterhalt. (4190) Von
T. Drewes, R. Hollender, 368 S., Pappband.
●●●

Scheidung und Unterhalt
nach dem neuen Eherecht. Mit dem Unter-
haltsänderungsgesetz 1986. (0403) Von
T. Drewes, 112 S., mit Kosten und Unterhalts-
tabellen, kart. ●

**Erziehungsgeld, Mutterschutz,
Erziehungsurlaub**
Alles über das neue Recht für Eltern. Mit den
Gesetzestexten. (0835) Von J. Grönert,
144 S., kart. ●●

Endlich 18 und nun?
Rechte und Pflichten mit der Volljährigkeit.
(0646) Von R. Rathgeber, 224 S., 27 Zeichnungen, kart. ●●

Was heißt hier minderjährig?
(0765) Von R. Rathgeber, C. Rummel, 148 S.,
50 Fotos, 25 Zeichnungen, kart. ●●

Erbrecht und Testament
Mit Erläuterungen des Erbschaftssteuer-
gesetzes von 1974. (0046) Von Dr. jur.
H. Wandrey, 124 S., kart. ●

Testament und Erbschaft
Erbfolge, Rechte und Pflichten der Erben,
Erbschafts- und Schenkungssteuer, Muster-
testamente. (4139) Von T. Drewes, R. Hollender, 304 S., Pappband. ●●●

Mein letzter Wille
Ratgeber für Erblasser, Erben und Hinterblie-
bene. (0939) Von T. Drewes, 136 S., 9 s/w-
Zeichnungen, kart. ●●

Präzise Ratschläge für
Ihre optimale Rente
Vorbereitung · Berechnungsgrundlagen ·
Gesetzesänderungen · Individuelle Rechen-
beispiele. (0806) Von K. Möcks, 96 S.,
24 Formulare, 1 Graphik, kart. ●

Mietrecht
Leitfaden für Mieter und Vermieter. (0479)
Von J. Beuthner, 196 S., kart. ●●

Wege zum Börsenerfolg
Aktien · Anleihen · Optionen
(4275) Von H. Krause, 252 S., 4 s/w-Fotos,
86 Zeichnungen, Pappband. ●●●

So werde ich erfolgreich
Ratschläge und Tips für Beruf und Privat-
leben. (0918) Von H. Hans, 104 S., kart. ●●

99 Alternativen für Umsteiger
Mehr Freude am Leben mit dem richtigen
Beruf. (4251) Von D. Maxeiner, P. Birken-
meier, 192 S., 143 Fotos, 46 Zeichnungen,
kart. ●●●

Lebenslauf und Bewerbung
Beispiele für Inhalt, Form und Aufbau.
(0428) Von H. Friedrich, 112 S. kart. ●

**Erfolgreiche Bewerbungsbriefe und
Bewerbungsformen**
(0138) Von M. Manekeller, 88 S., kart. ●

Die erfolgreiche Bewerbung
Bewerbung und Vorstellung. (0173) Von
W. Manekeller, 156 S., kart. ●

Die Bewerbung
Der moderne Ratgeber für Bewerbungsbriefe, Lebenslauf und Vorstellungsgespräche. (4138) Von W. Manekeller,
264 S., Pappband. ●●

**Erfolgreiche Bewerbung um einen
Ausbildungsplatz**
(0715) Von H. Friedrich, 136 S., kart. ●

Die ersten Tage am neuen Arbeitsplatz
Ratschläge für den richtigen Umgang mit
Kollegen und Vorgesetzten
(0855) Von H. Friedrich, 104 S., kart. ●

Zeugnisse im Beruf
richtig schreiben, richtig verstehen. (0544)
Von H. Friedrich, 112 S., kart. ●

Vorstellungsgespräche
sicher und erfolgreich führen. (0636) Von
H. Friedrich, 144 S., kart. ●

Keine Angst vor Einstellungstests
Ein Ratgeber für Bewerber. (0793) Von
Ch. Titze. 120 S., 67 Zeichnungen, kart. ●

Esoterik

**Bauernregeln, Bauernweisheiten, Bau-
ernsprüche**
(4243) Von G. Haddenbach, 192 S., 62 Farbabb. 9 s/w-Fotos, 144 s/w-Zeichnungen,
Pappband. ●●●

Gesund durch Gedankenenergie
Heilung im gemeinsamen Kraftfeld
(6035) VHS, 45 Min., in Farbe ●●●●*

Die hier vorgestellten Bücher, Videokassetten und Software sind in folgende Preisgruppen unterteilt:

● Preisgruppe bis DM 10,–/S 79,–
●● Preisgruppe über DM 10,– bis DM 20,–
    S 80,– bis S 160,–

●●● Preisgruppe über DM 20,– bis DM 30,–
    S 161,– bis S 240,–

●●●● Preisgruppe über DM 30,– bis DM 50,–
    S 241,– bis S 400,–
●●●●● Preisgruppe über DM 50,–/S 401,–
*(unverbindliche Preisempfehlung)

Die Preise entsprechen dem Status beim Druck dieses Verzeichnisses (s. Seite 1) – Änderungen, im besonderen der Preise, vorbehalten –

Die Magie der Zahlen
So nutzen Sie die Geheimnisse der Numerologie für Ihr persönliches Glück mit dem völlig neuen Planetennumeroskop (4242) Von B. A. Mertz, 224 S., 36 Abbildungen, Pappband. ●●●

I Ging der Liebe
Das altchinesische Orakel für Partnerschaft und Ehe. (4244) Von G. Damian-Knight, 320 S., 64 s/w-Zeichnungen, Pappband. ●●●

Die neue Lebenshilfe **Biorhythmik**
Höhen und Tiefen der persönlichen Lebenskurven vorausberechnen und danach handeln. (0458) Von W. A. Appel, 157 S., 63 Zeichnungen, Pappband. ●

Die neue Erkenntnisse zum Biorhythmus
Individuelle Rhythmogramme für Berufserfolg und Gesundheit, Partnerschaft und Freizeit, Beilage: Tagesformplaner. (4276) Von H. Bott, 144 S., 35 s/w-Zeichnungen, Pappband. ●●●

Falken-Handbuch **Kartenlegen**
Wahrsagen mit Tarot-, Skat-, Lenormand- und Zigeunerblättern. (4226) Von B. A. Mertz, 288 S., 38 Farb- und 108 s/w-Abb. Pappband. ●●●●

Wahrsagen mit Tarot-Karten
(0482) Von E. J. Nigg, 112 S., 4 Farbtafeln, 52 s/w-Abb., Pappband. ●●●

Selbst Wahrsagen mit Karten
Die Zukunft in Liebe, Beruf und Finanzen. (0404) Von R. Koch, 112 S., 252 Abb., Pappband. ●

Weissagen, Hellsehen, Kartenlegen ...
Wie jeder die geheimen Kräfte ergründen und für sich nutzen kann. (4153) Von G. Haddenbach, 192 S., 40 Zeichnungen, Pappband. ●●

Erkennen Sie Psyche und Charakter durch **Handdeutung**
(4176) Von B. A. Mertz, 252 S., 9 s/w-Fotos, 160 Zeichnungen, Pappband. ●●●●

Falken-Handbuch **Astrologie**
Charakterkunde · Schicksal · Liebe und Beruf · Berechnung und Deutung von Horoskopen · Aszendenttabelle. (4068) Von B. A. Mertz, 342 S., mit 60 erläuternden Grafiken, Pappband. ●●●

Die Familie im Horoskop
Glück und Harmonie gemeinsam erleben – Probleme und Gegensätze verstehen und tolerieren. (4161) Von B. A. Mertz, 296 S., 40 Zeichnungen, kart. ●●●

Aztekenhoroskop
Deutung von Liebe und Schicksal nach dem Aztekenkalender. (0543) Von C.-M. und R. Kerler, 160 S., 20 Zeichnungen, Pappband. ●

Was sagt uns das Horoskop?
Praktische Einführung in die Astrologie. (0655) Von B. A. Mertz, 176 S., 25 Zeichnungen, kart. ●

Das Super-Horoskop
Der neue Weg zur Deutung von Charaker, Liebe und Schicksal nach chinesischer und abendländischer Astrologie. (0465) Von G. Haddenbach, 175 S., kart. ●

Liebeshoroskop für die 12 Sternzeichen
Alles über Chancen, Beziehungen, Erotik, Zärtlichkeit, Leidenschaft. (0587) Von G. Haddenbach, 144 S., 11 Zeichnungen, kart. ●

Die 12 Sternzeichen
Charakter, Liebe und Schicksal. (0385) Von G. Haddenbach, 160 S., Pappband. ●●

Die 12 Tierzeichen im chinesischen Horoskop
(0423) Von G. Haddenbach, 128 S., Pappband. ●

Sternstunden
für Liebe, Glück und Geld, Berufserfolg und Gesundheit. Das ganz persönliche Mitbringsel für Widder (0621), Stier (0622), Zwillinge (0623), Krebs (0624), Löwe (0625), Jungfrau (0626), Waage (0627), Skorpion (0628), Schütze (0629), Steinbock (0630), Wassermann (0631), Fische (0632) Von L. Cancer, 62 S., durchgehend farbig, Zeichnungen, Pappband. ●

Computer-Bücher und Software

Computer Grundwissen
Eine Einführung in Funktion und Einsatzmöglichkeiten. (4302) Von W. Bauer, 176 Seiten, 193 Farb- und 12 s/w-Fotos, 37 Computergrafiken, kart., ●●●
(4301) Pappband, ●●●●

Einführung in die Programmiersprache BASIC. (4303) Von S. Curran und R. Curnow, 192 S., 92 Zeichnungen, kart. ●●

Intelligenz in BASIC
für Schneider CPC 464/664/6128. Mit Diskette 3". (4320) Von K.-H. Koch, 160 S., 14 Zeichnungen, kart. ●●●●●

Lernen mit dem Computer. (4304) Von S. Curran und R. Curnow, 144 S., 34 Zeichnungen, Spiralbindung, ●●

Garantiert BASIC lernen mit dem C 128
Mit kompletter Kurs-Diskette (4321) Von A. Görgens, 288 S., 4 s/w-Fotos, 83 Zeichnungen, kart. ●●●●

Grundwissen Informationsverarbeitung
(4314) Von H. Schiro, 312 S., 59 s/w-Fotos, 133 s/w-Zeichnungen, Pappband. ●●●●●

Heimcomputer-Bastelkiste
Messen, Steuern, Regeln mit C 64-, Apple II-, MSX-, TANDY-, MC-, Atari- und Sinclair-Computern. (4309) Von G. A. Karl, 256 S., 160 Zeichnungen, kart. ●●●●

WORDSTAR 2000
Textverarbeitung für Einsteiger und Profis Mit erprobten Anwendungen aus der Praxis. (4317) Von D. Nasser, 200 S., 9 s/w-Fotos, 3 Zeichnungen, kart. ●●●●●

Drucker und Plotter
Text und Grafik für Ihren Computer. (4315) Von K.-H. Koch, 192 S., 12 Farbtafeln, 5 s/w-Fotos, kart. ●●●●

Computergrafik
Von den Grundlagen bis zum perfekten 3 D-Programm. (4319) Von A. Brück, 296 S., 20 Farbtafeln, 180 s/w-Grafiken, 50 s/w- Zeichnungen, 83 Listings, Pappband. ●●●●●

Textverarbeitung mit Home- und Personal-Computern
Systeme – Vergleiche – Anwendungen. (4316) Von A. Görgens, 128 S., 49 s/w-Fotos, kart. ●●●●

Die tägliche PC-Praxis
Anwendungshilfen, Programme und Erweiterungen für MS-DOS-Computer (4322) Von A. Görgens, 224 S., 25 Abbildungen, kart. ●●●●

dBase III
Einführung für Einsteiger und Nachschlagewerk für Profis. (4310) Von J. Brehm, G. A. Karl, 211 S., 23 Abb., kart. ●●●●●

FALKEN PC PRAXIS
Desktop Publishing
Setzen und Drucken auf dem Schreibtisch. (4323) Von A. Görgens, 120 S., 11 s/w-Fotos, 72 Zeichnungen, kart. ●●●●

FALKEN PC PRAXIS
WordStar Praxis professionell
Für die Versionen 3.4/3.45/4.0 Erweiterungen · Praxis-Tips · Datenaustausch · Desktop Publishing. (4324) Von A. Görgens, 172 S., 2 s/w-Fotos, 2 s/w-Zeichnungen, 116 s/w-Grafiken, kart. ●●●●

Die Super-Preisleistung

Die 100 bekanntesten und beliebtesten Volkslieder, mit wunderschönen Farbzeichnungen von Brian Bagnall, durchgehend farbig im Großformat als gebundener Pappband.

Kein schöner Land... Das große Buch unserer beliebtesten Volkslieder. (0001) Hrsg. von Norbert Linke, 208 Seiten, 118 Farbzeichnungen, Pappband.

Erschienen in der F. Bassermann'schen Verlagsbuchhandlung Nachf.

nur DM 10,-

Die hier vorgestellten Bücher, Videokassetten und Software sind in folgende Preisgruppen unterteilt:

● Preisgruppe bis DM 10,-/S 79,-
●● Preisgruppe über DM 10,- bis DM 20,- S 80,- bis S 160,-
●●● Preisgruppe über DM 20,- bis DM 30,- S 161,- bis S 240,-
●●●● Preisgruppe über DM 30,- bis DM 50,- S 241,- bis S 400,-
●●●●● Preisgruppe über DM 50,-/S 401,- *(unverbindliche Preisempfehlung)

Die Preise entsprechen dem Status beim Druck dieses Verzeichnisses (s. Seite 1) – Änderungen, im besonderen der Preise, vorbehalten –